给小学英语教师的建议

基于课程标准的教学改进与作业设计

沈丽新

著

中国人民大学出版社
·北京·

图书在版编目（CIP）数据

给小学英语教师的建议：基于课程标准的教学改进与作业设计 / 沈丽新著 . -- 北京：中国人民大学出版社，2024.5

ISBN 978 - 7 - 300 - 32763 - 1

Ⅰ.①给… Ⅱ.①沈… Ⅲ.① 英语课—教学研究—小学②英语课—学生作业—教学设计—小学 Ⅳ. ① G623.312

中国国家版本馆 CIP 数据核字（2024）第 082705 号

给小学英语教师的建议：基于课程标准的教学改进与作业设计

沈丽新　著

Gei Xiaoxue Yingyu Jiaoshi de Jianyi: Jiyu Kecheng Biaozhun de Jiaoxue Gaijin yu Zuoye Sheji

出版发行	中国人民大学出版社			
社　　址	北京中关村大街 31 号		**邮政编码**	100080
电　　话	010 - 62511242（总编室）		010 - 62511770（质管部）	
	010 - 82501766（邮购部）		010 - 62514148（门市部）	
	010 - 62515195（发行公司）		010 - 62515275（盗版举报）	
网　　址	http://www.crup.com.cn			
经　　销	新华书店			
印　　刷	北京华宇信诺印刷有限公司			
开　　本	720 mm × 1000 mm　1/16		**版　　次**	2024 年 5 月第 1 版
印　　张	13.5　插页 1		**印　　次**	2025 年 1 月第 2 次印刷
字　　数	180 000		**定　　价**	68.00 元

自序
构建自己的教育生态环境

按学校规定，我们备课组在固定的时间与地点每周组织一次活动，但是实际的集体备课活动则远远不止这些。因为我们除了时不时去各自办公室或者教室碰头，还经常在备课组的微信群里交流各种教学上的想法与做法——大家都忙，各自发言时常相距一个又一个40分钟。总是在上完一节课后回到办公室，听到小伙伴们的惊呼："你是怎么注意到这个细节的呢？""你怎么处理得这么巧妙呢？""学到了！我也要用你的方法试试。"有时候甚至是对我的"抱怨"："你干吗不早点儿说呢？这一课时我刚上过！"我听了也"委屈"呀！——不是不肯早说，而是在一个班上完以后才有的心得，赶着去另外一个班上课之前就跟小伙伴分享，已经很及时了。这样的交流与分享充溢着我的日常教学生活。

在我调离原来学校多年后，有前同事仍然会跟我交流英语教学。在不那么忙的时候，我也跟对方交流我对英语教材的解读或者在英语课堂上的某个教学设计。这样的分享充满乐趣，令我乐此不疲。

外出跟同行进行教学分享的时候，经常听到这样的问题："沈老师，我读过您的《英语可以这样教》。今天您的讲座内容您那本书上没有，您什么时候再出一本关于英语教学的书？"

我自己家里的书桌和学校的办公桌上有《义务教育英语课程标准（2022年版）》及各种英语教学类书籍和杂志，好的书刊对日常的教学工作的确有具体的指导意义。《英语可以这样教》初版发行已经很长时间了，这些年里，对英语课程标准的理解、对英语教材的解读、对英语课堂的设计、对学生的认识等，我都有了更多、更深、更科学、更专业的领悟。这让我在课堂上表现得更从容，也享受到了更多的职业幸福。如果把这些领悟以建议的形式写下来，会不会给予一些教师一点点儿帮助呢？

其实，出版社早在2017年就跟我签约再出一本英语教学方面的书。从一般意义上说，拖延症总是需要及时治愈的。但对这本书而言，它却恰到好处——为此，我多思考了六年，也多实践了六年。

我很高兴自己拖延了六年才完成这本书稿——因为自己的确不够"厉害"，已经很多年没有参加课堂教学比赛了。但是，我也并非没有一点儿底气来发表自己的教学建议——因为我真的很享受英语课堂教学，很享受与孩子们在一起的时光，而且我执教班级里的孩子们都很喜欢英语。

教师工作很辛苦——尤其是小学英语教师，几乎都跟我一样要同时执教多个班级，时常还要跨年级教学；教师工作也很艰难——常常觉得自己非常无助，或者精神高度紧张，甚至会严重质疑自己，偶尔还会崩溃。如果辛苦与艰难之外还有乐趣，那就能够让自己的生命状态得到舒展，也就更有力量去帮助、陪伴那些需要我们的学生，更专业地指导学生减轻负担、高效且优质地完成学习任务。

我们要找寻这样的乐趣！

我们要刻意地、主动地去找寻这样的乐趣，甚至创造出这样的乐趣。我想，我已经找到了这样的乐趣。从某种意义上说，我也构建了自己的教育生态环境——在这个生态环境里，能够自我滋养，保持生长且乐在其中。

我很愿意把跟小伙伴们关于英语教学的日常交流和平时自己的思考、做法逐一落笔成文，并结集成书。我很期待有读者同行把我的建议有选择地内化、优化后，也能找到英语课堂与教师职业的乐趣。

让我们一起努力，更有乐趣地执教英语，做更好的英语教师！

第一章

如何教得深刻

刚参加工作的年轻教师容易出现的一个问题是，他们往往用很少的时间就完成了课堂教学任务。这个问题产生的原因可能有两个，一是教师对学生的学习能力评估有误，二是教师对教材的解读不够深刻。

教师可以把学习内容与学生的真实生活联系起来，让学生通过各种语言实践活动，学习与人交往，学会做人做事。只有如此，学生才能在语言活动中养成积极乐观、健康良好的情感态度，培养尊重他人、宽和待人的道德品质，积淀遵守规则、团结合作的素养。

如何教得厚重

教师要始终怀有育人意识，储备丰富的知识与生活阅历，这样才能够突破词汇、语法的藩篱，把内容教得厚重。

学习关于不同职业的单词，再延伸到接受父母的不同

译林版《英语》①（二年级上册）Unit 8 My dad is a doctor 这一单元的话题是职业，教材先呈现了如何介绍父母的职业，进而拓展到如何描述他人的职业。本单元的核心句型是介绍父母职业的 "My dad / mum is a doctor / ..." 和描述他人职业的 "He's / She's a teacher / ..."。这一单

———————————

① 本书所用教材若无特殊说明，皆为译林版《英语》。

元重点呈现了6个职业名称：cook、doctor、teacher、nurse、farmer、worker。

在第一课时，我选取了其中5个单词farmer、worker、teacher、cook、doctor进行教学，并组织学习教材第36页的两个句子：

> My dad is a cook.
>
> My dad is a doctor.

如何把内容教得厚重？

首先，拓展different这个单词及其意义。

我跟学生讨论不同的颜色、动物、水果、小吃和饮料，进而得出"We are different."的结论，然后用几张父子合拍的图片，顺利引导出"Our dads are different, too."。接着我用一般疑问句引出学生可以用来描述爸爸的一些形容词：tall、short、thin、handsome、cool。这些形容词，有学生已经学过的，也有未学过的。对未学过的单词我写出中文词义，并带领学生读几遍，便于学生接下来用陈述句"My dad is (not) …"讨论各自的爸爸。这个not是精心设计的，以便学生描述自己的爸爸。

然后，组织学生阅读绘本《不一样的爸爸》。

绘本内容很简单，除去开头与结尾，重要的是以下句子：

> My dad's in hospital.
>
> I've got two dads.
>
> I've only got one dad.
>
> My dad's away with the Army and I only see him sometimes.
>
> My dad's at home every day.

I go and stay with dad for holidays because he has another family now.

My dad's in a wheelchair.

Dad adopted me when I was one.

Uncle Stan looks after me like a dad.

My dad is blind.

Dad died last year.

My dad died when I was six.

My dad is deaf.

整本绘本的生词很多，我并没有要求学生朗读，只让他们看着绘本听我朗读，并在最后能够跟着我朗读绘本的结尾句"All dads and families are different."。绘本告诉了学生不同的爸爸的社会意义。对于目前很多离异家庭、重组家庭的学生而言，这本绘本有很好的治愈作用。特殊家庭的学生通过阅读绘本，就可能更好地接受自己目前的生活。而生活在正常家庭的学生也能够意识到特殊家庭很寻常，从而以平常心对待特殊家庭的小伙伴，不会去嘲笑、歧视他们。所以，我在整节课结束的时候总结说"We're different. Our dads and mums are different, too."。学生不仅能够很好地跟读，而且能够不同程度地理解并接受人与人之间、家庭与家庭之间的不同。

学习关于公园里常见景物的单词，再延伸到热爱祖国河山

教材四年级下册 Unit 4 Drawing in the park 中出现了公园里 6 个常见景物的名称：boat、flower、tree、hill、lake、river，其中 hill 和 lake 并未在 Story time 部分出现，而 flower 和 tree 学生在低年级的时候学

过。我在第一课时并不是只教学 Story time 部分出现的单词，还及时教学了单词 hill、lake。

我出示了苏州著名景点虎丘的图片，问学生 "This is the Tiger Hill. It is very famous in Suzhou. Do you like Tiger Hill?"，从而学习单词 hill，并让学生练习对话。然后我出示离学校很近的金鸡湖的图片，说 "This is the lake near our school. It's Jinji Lake."，从而组织学生学习单词 lake，并进行对话。

在学生学过 hill 和 lake 后，我说 "Suzhou is my hometown. The Tiger Hill and the Jinji Lake are beautiful. I love my hometown. Some of you are from Suzhou.Some of you are not from Suzhou. But we live in Suzhou now. Suzhou is our city."，并出示句子，示意学生一起朗读：

> We live in Suzhou.
>
> The Tiger Hill is beautiful.
>
> The Jinji Lake is beautiful too.
>
> We like Suzhou.

随后我出示长江的图片，问 "Is this a lake, too?"，学生都能回答 "No, it's not a lake."。我及时出示 the Yangtze River，带学生朗读，让学生了解长江从南京以下到入海口的下游河段以前叫扬子江。最后告诉学生 "The Yangtze River is our mother river."，并及时组织他们练习对话。

> A: Look at the Yangtze River. It's our mother river.
>
> B: What a great river!

同时，我及时出示黄河的图片及英文单词，告诉学生 "This is our

mother river too. It's the Yellow River."，并再次组织他们练习对话。

> A: Do you like the Yangtze River or the Yellow River?
> B: I like the…River. And I like the…River too.
> A: Yes, they're our mother rivers!
> B: What great rivers!

这样的课堂教学设计，都是对《义务教育英语课程标准（2022 年版）》提出的"人与自然"主题的探索。用苏州著名的景点虎丘带学生练习 hill，用学生熟悉的金鸡湖来练习 lake，最后则用母亲河长江、黄河来练习 river，既丰富了学生的话题，又激发了学生热爱自己所在城市和祖国河山的情怀，甚至有学生在周末自发组织一起去爬虎丘——因为班上很多学生还没去过。

学习关于气候的单词，再延伸到了解世界地理

教材四年级下册 Unit 5 Seasons 这一单元的话题是季节和天气，教学以四个季节的天气特征及每个季节人们开展的活动为主线，组织学生谈论自己喜欢的季节，学习句型"In...it's... / We...We like..."，并在实际生活中运用。

在教材的 Cartoon time 版块，有这样一个场景：Sam 和它的妈妈乘飞机旅行，下飞机的时候，出现了这样一组对话：

> Sam: It's very cold.
> Mum: Here's your jacket.

教材的图片及文字没有交代地理信息。Sam 为什么一下飞机就觉得

非常冷？如果不设置一个情境，学生就会觉得比较突兀。

我用课件呈现了悉尼歌剧院的图片，先带学生初步认识这个著名建筑，然后告知学生悉尼所在的国家澳大利亚就位于地球的南半球。接着，在黑板上画出北半球、南半球、中国和澳大利亚的地图，并告诉学生南半球和北半球的季节相反，简单地分享了自己在不同季节去澳大利亚的穿衣体验。

随后，我设计了一个简单的填空题：

It is _____ in China in July（七月），but it is _____ in Australia（澳大利亚）in July. It is _____ in China in December（十二月），but it is _____ in Australia in December.

这道题既帮助学生复习了关于天气的两个单词 hot 和 cold，也帮助他们掌握了一点点儿地理知识。

一张悉尼歌剧院的图片和黑板上简单的地图，能帮助学生在课堂上初步了解世界地理知识。这对学生而言，简单的 Cartoon time 版块便有了不一样的意趣。

如何教得扎实

教材二年级上册 Unit 8 有六个职业名称：cook、doctor、teacher、nurse、farmer、worker。朗读与拼读这六个单词，对二年级学生而言，并不困难。课堂上教师稍微花点儿时间就可以完成单词教学任务。但是，这样的学习内容要引起学生的兴趣却是一件比较难的事。

我把这六个单词的学习分为三部分。

学习 teacher、farmer 和 worker

因教材中出现过 cousin 这个单词，我把农场图片中的人物命名为 Wang Fang。然后，我出示了教材上三个孩子 Liu Tao、Yang Ling 和 Wang Fang 的图片，并说 "Let's talk about their different dads."，让教材中表示职业的单词与课文中的孩子们建立连接，这样会让学生觉得比较有意思。

我把这三个单词放在一起教学（见表 1.1），因为它们的后缀相同——都有字母组合 er。

表 1.1　教学过程

出示图片，Wang Fang 在农场。	出示图片，Liu Tao 在工厂，出示 factory 这个单词。	出示图片，Yang Ling 在学校。
T: Look at Wang Fang. She's on the farm. T: Look at Wang Fang's dad. He's a farmer.	T: Wang Fang's dad is a farmer. How about Liu Tao's dad? T: Look, Liu Tao is in the factory now. His dad works in the factory. T: Look at Liu Tao's dad. He's a worker.	T: Liu Tao's dad is a worker. How about Yang Ling's dad? T: Look, Yang Ling is at school now. Her dad teaches English in this school. T: Look at Yang Ling's dad. He's a teacher.

在学生理解、会读 farm、work、teach 后，再逐一在这三个单词后面加上后缀 er，学生很快就能读 farmer、worker、teacher 了。因为课件演示非常直观，我并不用刻意去讲解词根与后缀，学生就能很好地理解 er 组合表达的意义。

在教学这三个单词的过程中，我设计了分组比赛。教学 farm、work、teach 的时候，都采取了咏唱的形式进行操练。教学 farmer、 worker、teacher 的时候，采取了不同的形式操练，有高低声读，有看教师口型读，有发指令让学生找单词读。尽量采取较快的方式，从而让更多的学生进行操练。同时，教学每个单词后面都安排了一个趣味性游戏，既是继续分组比赛，也是全体参与的巩固单词活动——全班学生连读三遍单词作为口令，个别学生依次寻找对应图片。学生的学习积极性非常高。

每个单词教学结束后，我分别拓展了一个句型：

> He's a farmer. I'm not a farmer.
>
> I'm not a worker. But my…is a worker.
>
> I'm a teacher. Do you want to be a teacher?

句型由易到难，让学生从读英语转变为说英语。最后，为了巩固所学内容，我设计了一个连线练习（让三个孩子对应他们从事不同职业的爸爸），让大家看着连线的结果，做成段的口语练习：

> Look at the boy and the girls. They're Liu Tao, Yang Ling and Wang Fang. Look at the man. He's Wang Fang's dad. He's a farmer. This is Liu Tao's dad. He's a worker. That is Yang Ling's dad. He's a teacher.

在尝试用一整段英文介绍书中孩子的爸爸们的职业后，学生都很有成就感，学习的兴趣就更浓厚了。

学习 cook 和 doctor

对于这两个单词，我设计了如下教学环节。

（1）出示 Su Hai 和 Wang Bing 的图片。

T: Look at Su Hai and Wang Bing.（出示厨师和医生的图片）

T: Their dads are different too. One is a cook, the other is a doctor.

出示：c__ __k, doct__ __。

T: Let's learn to read the two words.

（2）学会读 cook。

① T: /u/ /u/, cook.（领读）

出示单词：book、look。

教师领读：oo, book；oo, look。

T: How to spell the word "cook"?

S: oo, cook.

教师领读：oo, cook。

② 出示《英文三字经：林克妈妈的少儿英语学习法》中的相关句子——手拿 book，一边 look，开始 cook。

教师领读，表演。

③ T: Please pay attention to the word: cook.

出示句子 "I can cook, but I'm not a cook。How about your family member?"。

出示句子 "My…can cook, but he / she is not a cook."，学生操练。

（3）学会读 doctor。

T: This dad is a cook, the other dad is a doctor.

教师指着 doct__ __，领读：/ə/ /ə/, doctor。

T: Can you spell the word "doctor"? Maybe you can read these words first.

出示单词：farmer、worker、teacher。

T: How to spell the word "doctor"?

全班学生（一定不能邀请个别学生回答）：er, er, doctor。

T: No, it's wrong. Look at here.（出示听诊器）这是医生的听诊器。

T: It's round. It looks like the letter "o".

在课件上用红圈圈住听诊器圆圆的听诊头，然后将红圈移到 doct__ __ 的后面，最后出现 or，显示完整的单词 doctor。

教师领读：or, or, doctor。

（4）观察和思考。

T: Whose dad is a cook / doctor? Let's watch the cartoon.

看动画，思考问题。

将两个孩子和两个爸爸进行连线。

T: Wang Bing's dad is a cook. Su Hai's dad is a doctor.

出示句子，学生听录音，跟读 "My dad is a cook. My dad is a doctor."，同伴操练，交流。

（5）实际操练。

出示句型 "Hello, I'm… This is my dad. He is a…"。

同桌两人看句型，操练，交流。

学生在讨论完前面三个孩子的爸爸之后，开始学习课文。教师这次不是依次出示，而是同时出示两个孩子的图片、两个父亲的图片和两个不完整的单词 c__ __k, doct__ __。在教师领读过 cook 的读音，又出示 book、look 后，学生很容易完成 cook 的拼写。我一边做动作，一边说 "I can cook, but I'm not a cook."。很多学生能够按照教师给出的例句 "My…can cook, but he / she is not a cook." 进行操练。这种看似即兴的操练，都是在训练学生主动地说英语，帮助他们开展真正意义上的交流。

在教学 doct__ __ 的时候，教师特意出示了单词 farmer、worker 和 teacher，并问 "Can you spell the word 'doctor'?"。这里要避免邀请一个学生回答，以免让他产生当众出丑的感觉，从而伤害到他的自尊心。二年级的全班学生基本都在回答 "er，er，doctor"。我这样设计的目的是让学生关注图片上医生的听诊器。课后抽查证明，学生对这个环节印象深刻，没有人拼错 doctor。

在学会单词 cook 和 doctor 后，让学生带着问题"Whose dad is a cook / doctor?"去看课文的动画，他们的注意力会非常集中。然后及时听录音跟读，并分两次进行操练。一次是对话形式：

> A: My dad is a cook.
> B: My dad is a doctor.

一次是作文片段形式，"Hello, I'm… This is my dad. He is a…"。由易到难，帮助学生进行扎实有效的说英语训练。

学习 nurse

低年级的学生，有的分不清医生与护士，他们常见的护士又以女性为主，所以单词 nurse 我就专门放在第二课时教学，在讨论 different mums 时教学这个单词。

在教学 nurse 的时候，通过不断对比医生和护士的服装、常用的工作物品，带学生看图识别人物职业。

> Is he / she a doctor?
> Is he / she a nurse?

通过对比，学生既能听懂、会说单词 nurse，也能分清它与 doctor 的差异。

总之，对于这一单元里看起来非常简单的六个表示职业的单词，教师要及时进行分析，适当地分课时、分版块进行教学，让单词教学更扎实。

如何教得深情

教材二年级下册 Unit 8 Don't push, please。课文一共四张图，每张图中都有 Miss Li 的一句指令和学生的应答（见表 1.2）。

表 1.2　指令与应答

Miss Li: Queue, up, please.	Ss: Yes, Miss Li.
Miss Li: Don't push, please.	Ss: OK, Miss Li.
Miss Li: Don't talk, Liu Tao.	Liu Tao: Sorry.
Miss Li: Clean up, please.	Ss: OK, Miss Li.

怎么教才能让文本更有温度，学生才更愿意学？学过后还有深刻而美好的印象？

教材教学可以跟学生的真实生活连接起来，然后加以设计，再不露痕迹地呈现。

我的二年级班上有个小朋友 S，特别爱生气，一生气就爱动手打人。有时候打人的理由还格外直白："我就是看他不顺眼。"

他曾经是个留守儿童，读一年级的时候才跟爸爸妈妈团聚。他常常说"想回老家读书""想回到爷爷奶奶身边"。他在家里跟爸爸妈妈的相处格外艰难，二年级上学期的时候就闹过离家出走。

我要开始 Unit 8 的教学。这个单元就几个句子，组织学生学习在校期间的各种规则。有的句子是说应该怎么做，有的句子是说不可以怎么做。我特意选了绘本《大卫，不可以》进行拓展教学。

绘本内容很简单，通篇基本上都是"No, David."，或者"Don't…

David."。我带领学生边看绘本边读英文句子，学生全程都在笑。笑到最后，绘本上终于出现了：

> Davey, come here.
> Yes, David…
> I love you!

画面上，妈妈温柔地把大卫抱在怀里——我告诉大家，Davey 是 David 的小名。

我问："妈妈说了那么多'不可以'，为什么最后她又说'我爱你'？"小朋友们的答案全是我希望说给 S 同学听的："因为妈妈在教大卫遵守规则。""因为妈妈在教大卫做个好孩子。"

我注意让自己不与 S 的视线有交集。他其实是一个聪明而敏感的孩子。

我说："对的。真正的爱是帮助他成为更好的人，而不是什么都顺着他，什么都不管他。妈妈因为爱大卫，所以成天说'不可以，大卫'。邻居家的阿姨才不会成天对大卫说不可以呢！"

我继续提问："除了爸爸妈妈，生活中还有谁经常对你们说'不可以这样做'或者'应该要这样做'？"

学生都笑眯眯，异口同声地说："老师！"

"对了！虽然老师很少对小朋友说'我爱你'。但老师其实和爸爸妈妈一样，每天都在提醒大家应该做什么，或者不可以做什么。所有这些'不可以'的背后，其实都是想把你们教育好，把你们教成遵守规则的人，让你们成为大家喜欢的人。老师不希望你们成为大家讨厌或者害怕的人。所以，谁来说说看，老师每天对你们说'不可以'的背后是什么呢？"

小朋友们再次发表自己的意见——道理果然全都懂："老师是为我

们好。""老师像爸爸妈妈一样，想把我们教育好。"

我用课件出示了几张图片，继续上课。"Can you help David be a good boy?"

学生纷纷举手，完成填空题：

Don't push, David.

Queue up, please.

Don't run, David.

Don't talk, David.

Clean up, please.

很有趣，S 也举手了，完成了其中一道填空题。其实我刚开始讲绘本的时候，他神情愤怒。但是后来学生讨论的时候，他放松下来，表情变得柔和。最后居然也愿意参与讨论了。我知道有些改变可能在悄悄地、缓慢地、不着痕迹地发生。

成长是一件艰难的事。对于童年时候与父母长期分离而导致情绪管理很糟糕的 S 同学来说，真的格外艰难。陪在像 S 这样的学生身边的大人——家长和我们这些老师，面对他们的敏感和桀骜不驯，同样也觉得很艰难。但是再难，我们都要努力去找寻各种方法，去帮助他们顺遂长大，去帮助他们理解那些"不可以"后面的"我爱你"。

在英语课堂上，选择与教材紧密相关的绘本，讲述绘本中孩子的成长故事，这就是我努力找寻的"帮助儿童更好成长"的方法之一。希望这些故事能够帮助更多的学生解答成长中的问题。

如何教得丰富

教材中的 Story time 部分常常承载了本单元最重要的词汇知识和语法知识。对于这部分文本，教师要试图往深处挖掘，把课教得更丰富，助力学生成长为全面发展的人。

挖掘文本情境，探索人与自我

教材二年级下册 Unit 4 I have big eyes 的话题是脸部特征，主要呈现的是学生如何描述自己的脸部特征。本单元的教学重点是 6 个脸部相关单词 hair、eye、nose、ear、mouth 和 face，重点句型是"I have…"。

Story time 部分的情景是：一个小丑叔叔拿着很多气球来到孩子们身边。他自我描述完，Su Hai 也模仿做自我描述，然后得到了小丑叔叔的气球。课文如下：

Charlie: Hello! I'm Charlie.

Ss: Hello, Charlie.

Charlie: Look! I have big eyes.

I have a big nose.

I have a big mouth.

How about you?

Su Hai: I'm Su Hai.

I have big eyes.

I have a small nose.

I have long hair.

Charlie: Hello, Su Hai!

A balloon for you!

除了小丑叔叔是新人物，Su Hai 和她的小伙伴都是学生熟悉的教材中的主人公。

根据二年级学生的年龄特点，在新授环节我设置了一个情境——两个孩子去参观动物园。在动物园里，他们一路上遇见了不同的动物。学生已经学过部分关于动物的单词，也学过"Look at…"和"It has a long / short tail / neck…"这两个句型，于是我用课件逐一呈现具有鲜明特征的动物。

Look at the horse. It has long hair.

Look at the monkey. It has big eyes.

Look at the elephant. It has a long nose.

Look at the rabbit. It has long ears.

Look at the hippo. It has a big mouth.

Look at the cat. It has a round face.

依次学习单词 hair、eye、nose、ear、mouth 和 face，然后出示这六种动物的头饰，请学生戴上头饰扮演各种小动物，并练习句型：

I'm a horse. I have long hair.

I'm a monkey. I have big eyes.

I'm an elephant. I have a long nose.

I'm a rabbit. I have long ears.

I'm a hippo. I have a big mouth.

I'm a cat. I have a round face.

学生学得兴致勃勃。

但这只是完成了单词与句型的教学。《义务教育英语课程标准

（2022 年版）》指出："义务教育英语课程体现工具性和人文性的统一。"这两个部分的教学，均落实了英语的工具性，却没有体现人文性。

于是，在完成课文 Story time 部分的教学后，我又设计了一个版块：逐一出示有明显外貌特征的人物图片，出示相关英语词组及中文姓名，然后介绍：

> Look at the tall man. He's a famous basketball player.
> Look at the short woman. She's a great writer.
> Look at the man with small eyes. He's a good actor.
> Look at the woman with long hair. She's a good teacher.
> Look at the woman with a small mouth. She's a great scientist.

让学生通过图片直观地认识优秀人士。我介绍了他们各自了不起的成就，也谈到每个人的五官及体形都只是特点，不是缺点。每个人都是独一无二的。我们的五官与体形大部分来自爸爸妈妈的遗传，接受就好，但我们的成就主要由自己决定，我们需要付出更多努力。

在这样的认知基础上，再让学生用相关句型介绍自己和家人的五官及体形特点，他们就会比较自然与自信，才能够在课堂上真正畅所欲言。

> Look at my family. This is my dad. He's tall / short. He's fat / thin. He has big / small eyes… He can… Look at the baby. It's me. I have long / short hair / … I love my family.

紧扣文本情境，探索人与自然

教材三年级下册 Unit 4 Where's the bird? 围绕"询问地点"这一话题展开教学，学习询问某物在哪里要用句型"Where's / Where are...", 并能根据不同的人称和地点，用"It's / They are under / behind / on / in..."来回答。

这一单元的 Story time 部分的内容是：一只小鸟误入教室乱飞，最后飞到了窗外的树上。课文如下：

> Yang Ling: Look! A bird!
>
> Mike: How beautiful!
>
>
> Mike: Where's the bird?
>
> Liu Tao: It's under your desk.
>
>
> Su Hai: Now it's behind the door!
>
>
> Mike: It's not here. Where is it?
>
> Yang Ling: Su Hai! It's on your chair!
>
>
> Mike: It's in my desk.
>
> Ss: It's in the tree now.

如何围绕问句"Where's / Where are..."及答句"It's / They are under / behind / on / in..."进行文本教学呢？教师可以考虑另外设置情境，或是直接用教材配套的情境。我觉得对这篇文本来说，完全可以直接用教材配套的情境开展教学。

《义务教育英语课程标准（2022 年版）》指出，英语课程内容的"主题"里包括"人与自然"这一范畴。因此，教师要合理运用教材，适当地引导学生关注"身边的自然现象与生态环境"，真正理解、接受并践行"人与自然相互依存，绿色生活的理念和行为"。

在进行这一课时教学的时候，我指导学生全程体会误入教室的小鸟的心情：

T: Where's the bird now?

S: It's under Mike's desk / behind the door / on Su Hai's chair / in Mike's desk.

T: How is the bird now? Is it happy?

S: No, it's not happy.

T: Maybe it's scared.

（出示单词 scared，带学生朗读）

随后出示森林、大海、树林、沼泽的图片，教师逐一提问：

If you walk alone in the forest, are you scared?

If you lonely to drift in the sea for a long time, are you scared?

If you live in the woods by yourself, are you scared?

If you fall into the swamp, are you scared?

在一连串的提问后，再出示我提前根据一首英文儿歌创编的绘本。学生看图，听教师朗读：

Save the Earth

The trees are the home of the little birds.

Let's take care of the trees.

The sea is the home of the giant whales.

Let's take care of the sea.

The woods are the home of the baby bunnies.

Let's take care of the woods.

The swamp is the home of the alligators.

Let's take care of the swamp.

Save the Earth,

Let's all work together.

然后引导学生思考:

Is the classroom the home of the bird?

Where's the home of the bird?

What do the students do for the bird? Please look at the window.

Where's the bird at last?

How is the bird and how are the students at last?

我再次带学生诵读:

The trees are the home of the little birds.

Let's take care of the trees.

出示课件，告知学生：

3 月 12 日　Arbor Day in China（中国植树节）
3 月 21 日　International Day of Forests（国际森林日）
4 月 1 日　International Bird Loving Day（国际爱鸟日）

我告诉学生世界上各国政府和各种组织为了保护鸟类做了哪些工作。同时播放一个短片，介绍我们生活的城市苏州目前有 400 多种鸟，让学生了解这意味着苏州已成为鸟类的天堂，苏州人十分爱护鸟类，为鸟类与人类的和谐相处做出了很大的努力。要让学生意识到，我们要做文明市民，要爱护我们生活的城市环境，让更多的鸟来苏州安家；要激发起学生与鸟类和谐相处、与自然和谐相处的情怀。

学习英语对话或语篇的活动过程，既是学生探究主题意义的过程，又是学习语言知识和发展语言技能的过程。

教师要围绕各单元的主题和语境设计教学活动，让学生能够自始至终在语境中接触、体验、感知和学习语言，保持并提高学习兴趣。

教师要将学习内容与学生自身的知识、经验结合起来，让学生运用语言技能获取、梳理、整合语言知识和文化知识，从而深化对语言的理解，探究文化内涵，汲取文化精华。

教师要尝试运用各种学习策略，提高学生的理解和表达能力，要尝试把深的内容教浅一点儿，便于学生接受并运用。

分批分类教单词

英语教材常常会通过一个话题，批量展示同类单词（词组）。比如，有的单元集中出现关于交通工具的单词，有的单元集中出现关于动物的单词。这样设计可以帮助学生积累有关联的词汇，有利于学生建立起自己的知识库。

但是，教师批量教学同类单词（词组），有时候会成为部分学习能力弱的学生的负担。因为属于同类单词，部分单词在拼写上容易让学生混淆。这就需要教师尽量分批分类地去教这些单词。

分批教学表示一周七天的单词

教材四年级下册 Unit 2 After school 主要学习的是表示一周七天的单词。这七个单词中，只有 Monday 是在前面一个单元中学过的。剩下的单词，一般会集中安排在第一课时教学。这对学习能力弱的学生而言，是比较困难的。因为这几个单词复杂的居多，Wednesday 里有不发音的字母 d，Tuesday 和 Thursday 容易令人混淆，而 Tuesday、Wednesday 里的 es 组合和 Thursday 里的字母 s 发音相同，容易令学生产生疑惑：单词里发 /z/ 音的，到底是 es 组合还是字母 s？

《义务教育英语课程标准（2022 年版）》指出："在语境中理解词汇的含义，在运用中逐步积累词汇。"这个"逐步积累"帮我打开了思路。

四年级下学期开学第一天，刚巧是周一。我提前在黑板的最高处写上"What day is it today? It's Monday."，以免影响其他教师板书，并请值日生保持一周不擦掉。然后就带领学生认读单词 Monday，并进行句型操练。因为这是一个新句型，所以有必要在出示单词的同时出示句型。随后从周二到周五，我每天提前在黑板上写好"What day is it today? It's Tuesday / Wednesday / Thursday / Friday."。每天教学一个新单词，同时进行句型操练。从周二开始，每天增加一些对话内容：

Do you like Tuesday? Why?

Which day do you like better, Monday or Tuesday? Why?

> Which day do you like best? Why?

这样，开学第一周，我在进行第一单元教学的同时，带学生完成了从 Monday 到 Friday 这五个单词的认读任务。

开学第二周继续第一单元的教学。我把黑板上的句型擦掉了，竖着写好了表示一周七天的单词，请值日生保持一周不擦掉。

在第二周的第一天，我在跟学生讨论他们的双休日活动时，完成了单词 Sunday 和 Saturday 的教学。从第二天开始，做各种拓展练习：

> What's the first day of the week?
>
> What's the second day of the week?
>
> What's the last day of the week?

因为黑板上写有表示一周七天的单词，所以每日课前加入了这些问题，学生都能听懂并做出回答。我还用一周七天的名称编了一首歌曲，歌词只有一句 "Sunday、Monday、Tuesday、Wednesday、Thursday、Friday、Saturday"。旋律简单，学生一下子就学会了。每次请学生朗读这七个单词的时候，他们就忍不住用哼唱来代替朗读。

等到开学第三周教学 Unit 2 的时候，学生对一周七天的名称及 "What day is it? It's…" 的问答已经掌握得非常好了。这时他们学习句型 "…have / has…lesson on Saturday / …" "…don't have any lessons on Saturday / …"，难度就不大了。

可见，根据教材编排及学情，教师及时设计，分批教学单词，能让学生在实际运用中逐步积累词汇，这样能够帮助他们降低学习难度，有利于保持他们的学习兴趣。

分类教学表示数字 13 到 19 的单词

教材四年级上册 Unit 3 How many? 的主要词汇是表示数字 13 到 19 的单词。其中，fourteen、sixteen、seventeen、nineteen 是拼写很有规律的单词，在对应的个位数 four、six、seven、nine 后面直接加上 teen 即可。而 thirteen、fifteen、eighteen 的拼写与对应的个位数 three、five、eight 有区别，这三个数字就需要教师重点指导。

所以我分两部分来教学。

第一部分教学 fourteen、sixteen、seventeen 和 nineteen。

它们都是在原来的个位数后面直接加上 teen，所以放在一起教学，便于学生理解、识记规律。

我用课件出示葡萄的图片，设计了一段对话：

> T: I have some grapes.
>
> S: How many grapes do you have?
>
> T: I have fourteen grapes.

然后出示单词 fourteen 并领读，再对比单词 fourteen 和 four，一起朗读，用类似的方式完成了 sixteen、seventeen、nineteen 的教学。在教学中，我设计了"一问三答"的形式：

> A: How many…s do you have?
>
> B: I have nineteen apples. / Nineteen apples. / Nineteen.

让学生在真实情景中去理解，在回答同一个问题时，可以根据不同语境，缩略部分内容。

第二部分教学 thirteen、fifteen 和 eighteen。

在教学 thirteen 的时候，我用课件先出示 6 张贴纸，再出示 7 张贴纸，设计了以下对话：

> T: How many stickers here? How many stickers there?
>
> Ss: Six. / Seven.
>
> T: What's 6 and 7?
>
> S1: It's thirteen. （有个别学生能回答。如果学生不能回答，教师就自己回答。）

在出示单词 thirteen（thir 用绿色标出）后，及时出示单词 three（three 用绿色标出），然后组织学生观察与对比——"Look at the green parts. Are they same or different?"

接下来用类似的方法教学 fifteen 和 eighteen。在教学 eighteen 的时候，（出示 eight 和 teen）可以更具体地指导学生观察：

> T: How many letter "t"s are there?
>
> S: Two.

（课件演示，将 eight 和 teen 合二为一）继续指导学生观察：

> T: How many "t"s are there now?
>
> S: One.
>
> T: Yes, there's only one letter t in the word eighteen.

单词 thirteen、fifteen 和 eighteen 不是在对应的个位数后面直接加上 teen，而是略有变化。这个变化就需要在新授的时候强调，所以我在教学中非常醒目地出示了对应的个位数。

把这三个单词放在一起教学，便于学生理解，从而识记。在教学时，我没有再用"How many…"，而是用了"What's 6 and 7"，既区别了前一部分的练习方式，又提高了学生对英文数字的反应能力。

分批教学表示 12 个月份的单词

教材五年级下册 Unit 7 Chinese festivals 的主要词汇有 4 个传统节日及 12 个月份的名称，还有关于节日习俗的词语等。通过学习和讨论这些节日习俗，学生能更加了解我们的文化。

如果要把上述内容在这一单元的第一课时全部呈现，并要求学生掌握，信息量非常大，这就会让部分学生产生畏难情绪。

基于此，我在教学 Unit 6 时就开始渗透这些单词，为期两周。第一周渗透 January、February、March、April、May 和 June，第二周渗透 July、August、September、October、November 和 December。我事先买来相关挂图，贴在教室前面，让学生每天都能看见，然后每天带他们认读一两个单词，并组织简单的对话。

T: Whose birthday is in January / …
S: My / My father's / …birthday is in January / …

T: Do you like January / …or February / …Why?
S: I like… Because…

在让学生提前接触这些单词的两周里，我并没有刻意组织他们去拼写单词，但会有意指导他们根据字母及字母组合的发音规律朗读这些单词。事实上，朗读单词指导得越仔细，学生对单词拼写的印象就越深刻。而挂图一直贴在黑板边上，也有利于学生学习这些单词。等到正式开始学习时，学生对这些单词的音、形、义就能做到快速掌握，拼写自然就不难了。

学生已经能够听、说、读这些单词后，再学习这一单元第一课时里的句型 "The Spring Festival / …is in January / … or February / … People get together with their family / … Some people eat dumplings / …"，就降低了一定的难度。

生动形象教语法

英语语法知识包括词法知识和句法知识。词法关注词的形态变化，如名词的数、格，动词的时、态（体）等；句法关注句子结构，如句子的种类、成分、语序等。在语言使用中，语法知识是"形式—意义—使用"的统一体，与语音、词汇、语篇和语用知识紧密相连，直接影响语言理解与表达的准确性和得体性。

因此，在英语教学中，语法是重要的语言知识教学内容，这就需要教师用心设计，生动形象地去教。

生动地教词法知识

教材三年级下册 Unit 3 Is this your pencil? 的一个学习目标就是 "I can use 'my' and 'your'"。课文的 Story time 部分多次出现 my 和 your，这两个物主代词放在对话中，学生都能够很好地理解，但是复述课文时却容易出错。

因此，我在这一单元及时补充了名词所有格这个词法知识。对三年级学生而言，教师生动地教这些词法知识，才能让他们产生深刻的印象。

刚巧课文插图中四个小朋友的毛衣是四种不同颜色，而且 Mike 丢失的铅笔颜色与他身上的毛衣颜色一样——都是绿色，所以我设计了四个孩子各自喜欢一种颜色的情境，从讨论他们各自喜欢的颜色开始，逐步完成相关学习用品类单词的教学与句型操练，还请他们通过连线，确认不同颜色的铅笔是谁的，并复述下列句子：

Liu Tao's pencil is red.

Yang Ling's pencil is orange.

The yellow pencil is Su Yang's.

The green pencil is Mike's.

　　接着进行 Story time 部分的教学，学生往往能够顺利运用刚学的名词所有格进行复述与表演，从而更好地梳理文本内容。

　　教材四年级下册在几个单元出现了表示不同时间的单词。比如，Unit 2 After school 的 Story time 版块下面是表示一周七天的单词，Unit 3 My day 的 Story time 版块里面出现了表示一天四个时间段和具体几点钟的单词和短语，Unit 5 Seasons 的 Story time 版块下面有表示一年四季的单词。这些表示时间的单词前需要用到不同的介词，学生比较容易混淆。

　　我在教学的时候是这样处理的：请学生在教材 Unit 2 表示一周七天的单词前全部加上介词 on，每次朗读的时候，就直接读 "on Sunday / ……" 用以替代原来的 "Sunday / ……"。而 Unit 3 中具体的几点钟只出现在 Story time 的文本里，我就请学生用笔快速地圈出所有的 at，数一数一共有几个，理解 at 的用法。然后每次读完 Story time 的文本后，再单独读一次含有 at 的时间短语。教 Unit 5 时则让学生在表示四个季节的单词前全部写上 in，在朗读单词的时候，直接读 "in spring / ……"，用以替代原来的 "spring / ……"。这样就让介词直接跟词汇版块的单词组合更直观地呈现在学生面前。

形象地教句法知识

教材六年级上册 Unit 1 The king's new clothes 的 Story time 部分改编自丹麦作家安徒生的童话《皇帝的新装》。在这篇文本里，第一次出现了动词的过去式，学生需要学习动词一般过去式的意义及用法。

教材的 Grammar time 部分出示了 8 个实意动词和 3 个 be 动词的原形和一般过去式：

laugh	→	laughed	point	→	pointed
like	→	liked	shout	→	shouted
live	→	lived	show	→	showed
look	→	looked	walk	→	walked
am	→	was			
is	→	was			
are	→	were			

但是，这里并没有集中出现表示过去的时间词语。"过去发生的动作要用动词的一般过去式。很多都是规则动词，在动词后面直接加 ed 就可以；不规则动词的变化遇到的时候再教给大家；be 动词的一般过去式是这样的……"教师这样讲解可以让大多数学生理解并掌握，但显然还不够形象，学生并没有在真正参与、体验的基础上去理解与运用所学知识。

因此，我首先集中教授表示过去时间的单词。ago 这个单词是本单元的新授单词，除此之外，我集中呈现了部分表示过去时间的单词或词组，并绘制了一张表格（见表1.3）。

表 1.3　表示过去时间的单词或词组

ago	one year ago / two days ago / long long ago / …
last	last morning / last afternoon / last night / last week / last month / last term / last year…
yesterday	
before	
one day	

然后我根据上述表格，分别用动词的一般现在时和过去式进行描述，随后出示例句，让学生观察画线部分，并进行模仿操练。例如：

> I <u>am</u> a teacher now, but I <u>was</u> a student 30 years <u>ago</u>.
>
> You <u>are</u> in Grade Six this term, but you <u>were</u> in Grade Five <u>last year</u>.
>
> The cat <u>is</u> clean now, but it <u>was</u> dirty <u>last week</u>.
>
> I <u>like</u> white now, but I <u>liked</u> red <u>before</u>.
>
> I <u>live</u> in Suzhou today, but I <u>lived</u> in Shanghai <u>yesterday</u>.
>
> I usually <u>walk</u> to the park after supper. <u>One day</u> I <u>walked</u> to the park before supper…

学生完全能够听懂这些句子，而且很积极地尝试表达。虽然说错了，但是他们自我纠错的能力很强，会努力使用正确的句子。这个纠错的过程，就是他们消化动词一般过去式的过程。因为不是机械地跟读，大家的参与率就很高。

我还出示了一篇短文及四张配图，请学生分组讨论，给短文改错：

Long long ago, there is a king. He likes new clothes. One day, two men visit the king. The king is happy. The two men show the king his new clothes. The king walks through the city in his new clothes. There are a lot of people in the street. They look at the king and shout. A little boy points at the king and laughs.

经过激烈讨论——讨论的过程就是自主学习的过程，大家逐一把上述短文中用错的单词改过来：

Long long ago, there was a king. He liked new clothes. One day, two men visited the king. The king was happy. The two men showed the king his new clothes. The king walked through the city in his new clothes. There were a lot of people in the street. They looked at the king and shouted. A little boy pointed at the king and laughed.

这个交流的过程就是一个学习情况的反馈过程。在完成这个改错练习后，我出示了几句对话：

My king, we can make new clothes for you.

My king, please try on these magic clothes. Clever people can see them. Foolish people can't see them.

What beautiful clothes!

Ha! Ha! The king isn't wearing any clothes!

让学生继续分组讨论：这些对话应该插入哪张图？为什么对话里的动词没有用过去式？

在这一步骤的学习结束后，我按照大家讨论的结果，整理并呈现完整的四段文本（见表 1.4），刚巧与四张图片匹配：

表 1.4　四段文本

1. Long long ago, there <u>was</u> a king. He <u>liked</u> new clothes. One day, two men <u>visited</u> the king. "My king, we can make new clothes for you." The king <u>was</u> happy.	2. The two men <u>showed</u> the king his new clothes. "My king, please try on these magic clothes. Clever people can see them. Foolish people can't see them."
3. The king <u>walked</u> through the city in his new clothes. There <u>were</u> a lot of people in the street. They <u>looked</u> at the king and <u>shouted</u>, "What beautiful clothes!"	4. A little boy <u>pointed</u> at the king and <u>laughed</u>, "Ha! Ha! The king isn't wearing any clothes!"

然后，我呈现教材 Story time 部分的文本。学生发现，通过改错、将图片和句子进行匹配，他们自己整理好了教材的文本，因此就觉得这个过程参与感很强，也非常有成就感。

在这个教学过程中，我始终重视创设真实的情境，形象地教句法知识，而非填鸭式讲解。同时让学生及时运用所学知识（做改错题），也就是及时巩固所学知识。

结合生活教学同根词知识

译林版旧版《英语》（五年级下册）Unit 9 The English Club 里面出现了一组表示国名、国籍、语言的同根词：

China	Chinese
England	English
America	American
Australia	Australian
France	French
Japan	Japanese

教材设置的情境是，英语俱乐部来了一个美国访客 Tony White，一群来自世界各地的学生与 Tony White 交谈，交换信息。这个情境对学生来说有些遥远——身边的同学基本都是中国人。

为了让学生觉得不同国家的人聚集在一起很自然，我出示了自己参观上海世博会时候的照片，并特意标注照片上的自己在哪个国家馆。

Look at the pictures. I was visiting the American Pavilion. Look at the visitors. They are American. They speak English.

然后出示一组同根词 America、American，并带学生朗读及进行口语交际。

学生对教师的生活十分感兴趣，因此对这个环节的教学反响热烈。他们在观看教师参观各个国家馆的同时，很自然地完成了上述一组组同根词的学习任务，并能基本理解和运用国名、国籍、语言的同根词。

多种形式教语音

英语的语音包括元音、辅音、重音、意群、语调与节奏等。说话者通过语音的变化表达意义、观点、意图和情感等。在小学阶段，要求学生能够"感知字母在单词中的发音"，从而能够"感知简单的拼读规则"，能够"尝试借助拼读规则拼读单词"。

教材四年级下册 Unit 2 After school 的 Sound time 部分是这一单元的语音部分，我分四步进行教学。课文如下：

> Dad, Dad, where's the cat?
>
> Where's my cap and where's my bag?
>
> bag   cap   hamburger   sandwich   snack

诵读训练

我把文本插图里的男孩命名为 Jack，然后依次出示 Jack 和其他单词（bag、cap、hamburger、sandwich、snack）的图片。

T: Jack can't find his cat, bag or cap, so he wants to ask his dad. How can he ask his dad?

出示：

> Dad, Dad, where's the cat?
>
> Where's my cap and where's my bag?

组织学生有节奏地诵读。

学生能够通过教材初步感知元音字母 a 在重读闭音节中的发音，但仅仅操练上述内容，不足以帮助他们巩固这一语音知识。因此，我在此情境下，设计了下面的环节：

T: Jack is hungry now. He wants to eat some snacks. He wants to eat a hamburger and a sandwich. How can he ask his mum?

出示：

> Mum, Mum, where's the snack?
>
> Where's my hamburger and where's my sandwich?

组织学生诵读。

出示音标：/æ/。领读单词：/æ/ /æ/，Jack；/æ/ /æ/，cat...

拼读训练

T: Let's read the rhyme.

> Sometimes I am good,
>
> Sometimes I am bad.
>
> When I'm good, my mum is glad.
>
> When I'm bad, my mum is sad.
>
> So, I'll try to be good,
>
> to make my mother glad.

其中画线部分都是在教师领读过字母 a 的发音 /æ/ 之后，请学生自己拼读出来的。

我出示了 Jack 和他妈妈在一起的图片，并依次出示 "When Jack is good, his mum is /æ/ /æ/——"，学生拼读出 glad；"When Jack is /æ/

/æ/——", 学生拼读出 bad；"his mum is /æ/ /æ/——", 学生拼读出 sad。

我说 "We love our mothers, so we can say——", 学生齐读 "Mum, mum, I'll be good, to make you glad!"。然后出示母亲节图片，图片下标注当年母亲节的日期，我继续说："Mothers' Day is coming. Every second Sunday in May is Mothers' day. So tomorrow is Mothers' Day. What should we say to our mothers?" 学生再次一起诵读："Mum, mum, I'll be good, to make you glad!"

妙用绘本资源

我找了一本绘本《Bad Rat! 坏老鼠！》，进行拓展教学。

首先，阅读绘本。

我出示 Jack 和封面，说 "Jack is not bad. But the rat is bad.", 然后出示课题 "Bad Rat, /æ/ /æ/——", 学生拼读出 rat。我朗读绘本，遇到含有字母 a 的新单词，都是我读 "/æ/ /æ/——", 学生拼读出该单词。然后出示单词表（见表 1.5）。

表 1.5　单词表

Word list		Example
bad	rat	Rat hid a bun in his bed.
fat	cat	"My bun!" said Pig to Fat Cat.
has	ran	"The bad rat has my bun!"
hat	sat	"Let me get Rat!" said Fat Cat.
can	mad	Fat Cat ran to the red hut.
		Rat hid in a pot!
		Rat hid in a hat!
		Rat hid in a mug!

Word list	Example
	Fat Cat sat on the rug. "I can see you, Rat," said Fat Cat. Tug! Tug!
	"Get me the bun, Rat. Pig is mad," said Fat Cat.
	"The bun is in the bed," said Rat.
	Pig has his bun. Bad Rat!

在读完 "Rat hid in a pot! Rat hid in a hat! Rat hid in a mug!" 这三个句子后，我戴上 Bad Rat 的头饰，示范表演躲藏在三个地方，然后一边读绘本，一边将其中六个句子（有一句是改写），贴在黑板上，并依次领读。最后，请学生上台戴好头饰分角色表演：

Pig: The bad rat has my bun!

Cat: Let me get Rat!

Rat: I'm in a hat!

Cat: Pig is mad!

Rat: The bun is in the bed.

Pig & Cat: Bad Rat!

为了教学字母 a 的发音，我拓展、设计了以上学习任务。拓展的儿歌、绘本中每一个含有 /æ/ 的单词，都是教师引领学生自己拼读出来的，而不是教师直接领读的。让学生将刚刚学到的知识进行实际运用，就能让他们获取更多的成功体验。同时，考虑到绘本比较冗长，四年级的学生自己直接朗读全文是比较困难的，表演全文则几乎是不可能的。在这种情况下，我选择了六个句子，其中一句是改写的，其余都是绘本中的原句。我设计了三个头饰，引领学生分角色表演。这样降低了学习难度，学生就敢于在课堂上尝试。事实证明，这个环节是学生非常喜欢的环节。至此，学生对"元音字母 a 在重读闭音节中发 /æ/"的印象就非常深刻了。

听写训练

我用课件呈现："元音字母 a 在重读闭音节中发 /æ/ 这个音。当我们听到某个单词里含有 /æ/ 这个音的时候，就是字母 a 在发这个音。"

我给学生发作业纸，用课件出示了一首儿歌，自己拿着快板诵读，请学生听到单词就写下来：

> 我家 dad ，脾气 bad ，让我 sad 。
> 有只 cat ，非常 fat ，专吃 rat 。

输入了这些知识，教师设计了一个输出环节：出示图片，先让学生听一首中英文夹杂的歌，然后让他们填入所缺单词。通过前期大量的输入训练，学生的学习效果很好，几乎所有学生都能正确填写听到的单词。在学生填写完后，再用打击乐器带他们一起诵读歌词，大家的学习热情空前高涨，对自己的英语学习能力充满了信心，享受到了成功的快乐。

最后，我布置了这样一项作业：

Make a chant, use the following words（中英文夹杂也可以）

Jack cat cap bag dad snack hamburger

sandwich glad bad sad rat fat has

hat can mad

编韵律诗需要使用的单词，都是在本堂课上出现过的。有的是教材上有的，有的是拓展内容中的。教师通过这种形式，督促学生再次巩固相关知识点，尤其是那些书上没有、但教师拓展到的单词，从而让学生真正掌握元音字母 a 的发音。

第二章

字母和单词可以这样教

关于字母的教学要求，《义务教育英语课程标准（2022年版）》明确指出，"识别并读出26个大、小写字母""感知字母在单词中的发音"。这是一级学习内容，也就是小学3—4年级学习的内容。有的地区一年级就开设英语，有的地区三年级才开设英语。一年级就开设英语的字母教学与三年级开设英语的字母教学，侧重点要有所不同。

三年级起点的英语教材，一般从第一学期第一单元开始字母教学。这是因为学生在一年级已经学过汉语拼音及音序，而且之后有足够的时间巩固、复习。这样学生在三年级学习英文字母就是一件比较简单的事，可以与英语单词、句型同步进行。

而一年级起点的英语教材在一年级上学期只要求学生对英文单词进行整体认读，这样做是因为他们同时在学习汉语拼音，以免他们记错英文字母与汉语拼音。到一年级下学期，才开始以较慢的进度学习英文字母。

按不同顺序教学英文字母

对26个英文字母，有的学生可能在幼儿园里接触过。教师可以在一年级上学期就有意识地多次播放字母歌，这样到了下学期，学生学习英文字母时就不会特别困难。在教学字母的时候，教师可以按不同顺序进行教学。

按字母表顺序教学

大多数教师按字母表顺序教学字母，这当然是一种非常简便的方法。但是，由此产生一个问题，那就是镜像对称的字母，如 b 和 d、p 和 q 会在同一单元出现。部分学生的感觉统合能力发展得不够好，就容易出现认知困难，导致书写错误。

虽然这种错误会随着儿童读写经验的积累而渐渐改正，但在一、二年级时书写镜像对称的字母，仍然是部分孩子的难题。虽然家长与教师不必为此过分紧张，但教师仍需要格外注意，加强指导。

参考一些小学的字母教学顺序

美国是以英语为母语的国家，儿童自幼听、说的基本都是英语。美国有些小学在一年级时就把 26 个字母分为下面 6 组来学习（见表 2.1）。分组的主要理由是，既避免把长得太像的字母放在一起教，又可以将本组字母组成多个不同的单词，便于学生学习。

表 2.1　字母教学顺序表

第 1 组	Ss, Aa, Tt, Ii, Pp, Nn
第 2 组	Cc, Kk, Ee, Hh, Rr
第 3 组	Mm, Dd, Gg, Oo
第 4 组	Ll, Ff, Bb, Qq, Uu
第 5 组	Jj, Zz, Ww
第 6 组	Vv, Yy, Xx

如果选用这种顺序教学字母，那么在学习第 1 组字母的同时，就可

以组织学生学习由本组字母组合而成的常用单词，如 at、in、it 等。而学习了第 2 组字母后，可以结合第 1 组字母，学习 hi、he、rat、cat、cake、pink、pea、tea、nine 等常用单词。以此类推。学生在课堂内外拓展阅读时，会突然发现很多单词自己会拼、会读——这能让学生尽早感受到英文阅读的乐趣与成就感。

按含相同元音音素分类的顺序教学

在 26 个字母中，元音字母很重要。有的教师习惯按字母表顺序教完字母后再进行元音字母的强化，也有的教师从一开始就按含相同元音音素把字母分成七类（见表 2.2），再开始字母教学。

表 2.2　含相同元音音素字母分类表

Aa	Hh	Jj	Kk				
Ee	Bb	Cc	Dd	Gg	Pp	Tt	Vv
Ii	Yy						
Oo							
Uu	Qq	Ww					
	Ff	Ll	Mm	Nn	Ss	Xx	Zz
	Rr						

教师可以告诉学生，表格每一行的第一个字母都是元音，后面每个字母里都含有第一个字母的发音，并带学生逐一拼读，从而引导学生初步感知字母发音。

在学完前面五行字母后，教师可以暂停学习字母，进行元音字母的巩固与强化。之后继续学习后面两行字母，这样学生就可以更好地理解第六行字母中含有一个共同音 /e/。

用多种活动巩固英文字母的教学

低年级学生集中注意力的时间较短，在课堂上教师需要设计各种活泼、生动的教学活动，切实有效地帮助学生巩固所学内容。

用身体摆出字母形状，学习字母

教师可以先独自摆出大写字母 B 和字母 C 的造型，让学生猜这是什么字母。需要提醒学生注意，同一造型不仅仅可以摆出大写字母 C，也可以摆出小写字母 c。然后悄悄请两名学生分别摆出大写字母 A 和大写字母 D 的造型，请其他学生猜这是什么字母。在接下来的教学中，教师可以邀请学生用身体摆出各个字母的形状。在这一过程中，字母的音、形就结合得比较有趣，会给学生留下较为深刻的印象。

给字母涂色，巩固字母

在教学任意一个字母后，教师都可以带学生做涂色游戏。教师可以随机设计一张包含若干字母的表格，然后请学生找到指定的字母（比如，大写字母 A 或者小写字母 a）并涂色；也可以同时出示两张一样的表格，请学生在一张表格里给大写字母 A 涂色，在另一张表格里给小写字母 a 涂色，以便学生对字母大小写格式加深印象。

穿越"字母迷宫"，区别字母

在教学了若干字母后，教师就可以组织学生玩穿越"字母迷宫"的游戏。教师可以设计一张图，里面有大量看似杂乱无序的字母，还有一条模糊的、由字母 B 或 b 连接起来的小路，学生找到这条小路，就可以顺利走出迷宫。教师在设计的时候，可以在字母 b 附近安排大量的字母 d，干扰学生。这样的游戏可以帮助学生区分形近字母。

给字母分类，让字母"长幼有序"

教师可以设计一张带有四线格的作业纸，用文字标注：字母占上面两格的是"成年人"，如大写字母 A；字母在第二格的是"幼儿"，如小写字母 a；字母占第二格，但尾巴却冲到最下面一条线的是"婴儿"，如小写字母 g。像这样给字母分类，学生就会觉得非常有趣。

然后，教师组织学生将 26 个字母分别"按长幼分类"，在四线格上书写，这样学生对字母的正确书写印象就会更加深刻。

指导拼读单词，加深对相关字母的印象

如果按字母表顺序教学，一般情况下，教材的每个单元都会安排学习三四个字母。在学完一个单元的字母后，教师可以针对容易记错的字母找学生会读、会说的某个单词，指导他们拼读、识记该单词。比如，在学习了字母 A、B、C、D 后，教师可以让学生练习拼读单词 dad。这样做的原因是：首先，它不是一个生词，学生在一年级上册中学过，理解它的意思；其次，这个单词所含的字母都已经在本单元学过；最后，这个单词里有两个字母 d，学生要正确拼读，必然要读准字母 d 两次。学生在分不清字母 b 与 d 的时候，他就能自然联想到单词 dad，那么，没在 dad 里面出现的那个字母，应该就是 b。

对于单词 dad，我不仅会指导学生在课堂上拼读、书写，还会通过"家校通知"请家长在家督促学生反复拼读，并尝试默写。每一次诵读，都是在强化对字母 d 的识记。

在选择拼读单词的时候，教师要注意：一是单词的每个字母都已经

学过；二是单词里出现的字母与本单元教学的字母有关；三是这个单词学生曾经听过、读过——符合"听说领先，读写跟上"的原则。如果这个单词是一个生词，就会加重学生的学习负担。教师要通过几个建议拼读的单词，帮助学生巩固当下要求掌握的字母。对于教材一年级下册的字母教学，我设计了每单元要拼读的单词表（见表2.3）。

表2.3　每单元教学字母及单词

	每单元教学的字母	建议拼读的单词
Unit 1	Aa、Bb、Cc、Dd	dad
Unit 2	Ee、Ff、Gg	bag
Unit 3	Hh、Ii、Jj、Kk	hi
Unit 4	Ll、Mm、Nn	can
Unit 5	Oo、Pp、Qq	pea
Unit 6	Rr、Ss、Tt	red
Unit 7	Uu、Vv、Ww	run
Unit 8	Xx、Yy、Zz	box

夯实正确书写字母的基础

小学生尤其是 9 岁之前的学生，有的感觉统合能力较弱，很容易写错镜像对称的字母。除此之外，连 y 和 g，m 和 n，a 和 r，u 和 v，j 和 g 也会经常记错。

分不清字母会导致拼写错误率高，家长或教师如果没有意识到这可能是孩子的生理发展不成熟引起的，一味斥责孩子，认为是他们态度有问题，并加以批评或者惩罚的话，就会严重打击孩子的学习积极性。

每个英文单词都是由字母组合而成的。要避免日后拼写单词的错误率高，就需要在学生学习字母阶段，注意保护他们的学习积极性，并适当地为他们学习单词做好准备。

教师最好不要组织字母的单独默写活动。

无论是三年级上学期还是一年级下学期，学生都很容易把字母写错。

在这个阶段，教师如果经常性地组织默写单个字母——尤其涉及镜像对称字母，就会导致部分学生连续出错。学生出现这样的错误，可能会引起教师与家长的焦虑，然后轮流对学生辅导或者批评，甚至惩罚。这些辅导、批评与惩罚，都在向学生输出信息："英语很难。""你没有学好英语。"这样就会在一门学科的学习起始阶段，增加学生的畏难情绪，降低他们的学习热情。

如果学生第一个单元是学习 A、B、C、D 四个字母，教师就可以组织学生按顺序默写这四个大写字母，也可以按顺序默写它们的小写字母，或者按顺序同时默写四个字母的大小写格式。这样，学生就容易默写出来，并能激发他们的学习积极性。

一般情况下，学习字母第二个单元是学 E、F、G 三个字母。在组织学生默写这三个字母的时候，可以加上 A、B、C、D，一次默写七个字母。以此类推，一定可以帮助他们较好地掌握每个字母。

如果教师不按字母顺序默写，而是随机听写"小写字母 b""小写字母 d""大写字母 A""大写字母 C"……除了让一些学生的默写成绩糟糕透顶外，还会让他们在英语学习的起始阶段就有很不好的体验感。日后再想激发他们的学习热情与学习兴趣，是非常难的。

有时候，某些"高标准"，在起始年段，是可以斟酌与调整的。

总之，教师要用多种形式落实字母教学，让每个学生都会唱字母歌，能够认读大小写字母，会正确书写字母。

为拼写单词做好准备

很多版本的小学英语教材不会要求一年级学生拼写单词，基本只要求整体认读单词。但是从二年级开始，教材就会渐渐要求学生拼读单词了，默写单词也就成了不少学生的梦魇。有的学生一不小心就把英文字母与汉语拼音记错，有的学生容易记错镜像对称的字母，还有的学生则对字母发音完全没感觉，记单词纯靠死记硬背……

现行很多版本的小学英语教材很少有系统的国际音标教学内容，在学生有了一定量的词汇储备后，自然拼读是很好的英语单词学习方法。

不管是集中教学音标，还是传授自然拼读，目标都是让学生掌握认读单词的方法，提高正确拼读单词的能力。教师要在教学中不断观察学生，给出更科学、更具体的学习指导。

在完成 26 个字母的学习后，教师对学生学习单词的要求就由听懂、会读、会说升级到会写。这个会写，不仅仅是指会抄写，更是会拼写——也就是能默写。不少学生的英语学习后来进入困境，就是觉得拼写单词太难。

教材一年级下册的内容是字母教学，二年级上册就开启了正式的单词"四会"教学——会听、会说、会读、会写，每单元都有 8 到 10 个单词要求学生掌握。对于刚学会字母，又刚过了一个暑假的二年级学生来讲，起初会格外艰难。教师要尽力帮助学生排除这些困难。

巩固字母的正确书写

有的学生假期从未书写过字母，遗忘现象很严重。在开始单词的四会教学之前，教师要不吝惜时间，带学生复习巩固字母的正确书写。同时，由于每个英语教师基本担任两三个班的教学工作，无法检查每个学生笔顺是否正确——可能交上来的作业是正确的，但是书写笔顺却存在问题。

我因此多次跟学生强调：

> 小写的英文字母很多是一笔完成的，除了 f、i、j、k、p、t、x 是两笔完成的。有的小朋友至今写 h 都要分两笔完成（应该一笔完成），有的小朋友连 m 也要分三笔完成（应该一笔完成）。随着年级升高，词汇量会增加，作业量也会增加，书写笔顺错误会导致做作业的速度变慢。

二年级开学以后，我就在课堂上再次示范字母的正确书写笔顺，并检查学生的书写情况，确保他们已经复习到位，能够开始单词的四会学习。

调整学习任务

复习字母已经到位，是不是意味着可以直接进入单词拼写阶段了呢？学过英语的成年人或者中高年级学生知道，英文单词有字母或者字母组合的发音规律在其中。低年级儿童需要在积累一定量的单词后，在教师的帮助下，渐渐掌握一些字母或者字母组合的发音规律。

仔细查看教材二年级上册第一单元，教材要求拼写的有：aunt、he's = he is、cousin、uncle、she's = she is、tall、Mrs、short，但课文中其实还出现了 dad、mum 这两个单词，我觉得学生也需要掌握。而两个 be 动词的缩略形式，在第一单元就要求学生正确拼写，其实难度挺大的。

为此，我根据教材内容，把单词进行了微调，分三课时完成。

第一课时教 he、she、dad、mum。

第二课时教 uncle、cousin、aunt。

第三课时教 tall、short。

对于那两个 be 动词的缩略形式 he's、she's 和 Mrs 的拼写，则安排到阶段性复习（每学完两个单元就复习）的时候再进行。如果在学生刚拼写单词的时候提出太多的特殊要求（有撇号，要大写），学生就容易顾此失彼，从而导致默写的时候出现各种错误。

这样调整学习任务——增加部分简单而必要的单词，对难度较大的单词在新授的时候只需要学生掌握听、说、读，把写的任务放到阶段性复习的时候，就能够让更多的学生在刚开始拼写单词时避免体验到太多的挫败感，保持对英语学习的信心。

拓展有趣的单词拼写

教材上没有系统的音标教学内容，学生就没有掌握自己认读单词的工具，而二年级学生的词汇量非常有限，学生没有自然拼读的语音知识储备，那么，在最初的单词四会学习中，学生很可能仍然是死记硬背各个字母，这并不是愉快的学习体验。

比如，在教材二年级下册 Unit 1 Where's Kitty? 的 Rhyme time 部分，有这样一首儿歌：

Molly the cat

Molly the cat

Is in the living room.

It's on the mat,

Playing with a broom.

而《英文三字经：林克妈妈的少儿英语学习法》的第一课就有这样一首中英文结合、适合低年级孩子的儿歌：

我家 dad，脾气 bad，让我 sad。

有只 cat，非常 fat，专吃 rat。

于是我设计了二年级下册 Unit 1 的练习题。

我家____（爸爸），脾气____（真坏），让我____（伤心）。

有只____（猫），非常____（肥胖的），专吃____（老鼠）。

Molly the cat

Molly the _____（猫）

Is in the living room.

It's on the _____（地毯），

Playing with a broom.

学过的单词：

I have a _____（书包）. I _____（能够）read.

He _____（有）a pencil. He _____（能够）write.

请你读一读：

hat	cap	map	nap
宽边帽	鸭舌帽	地图	打盹儿

在课堂上，我先出示《英文三字经：林克妈妈的少儿英语学习法》第一课的图片，带领学生朗读单词，诵读儿歌。然后，撤下图片，出示上面的练习题，一边诵读儿歌，重复要填空的单词，一边在课件上输入相应的单词。学生很快就发现了这些单词的拼写规律，他们抢着在我输入单词之前拼出单词。最后，我把六个单词中的字母 a 都标成红色并加了下划线：dad、bad、sad、cat、fat、rat。

我带领他们一起读：

/æ/ /æ/ dad; /æ/ /æ/ bad; /æ/ /æ/ sad.

/æ/ /æ/ cat; /æ/ /æ/ fat; /æ/ /æ/ rat.

随后的内容也这样教学，最后出示"请你读一读"里面的单词，请学生自己拼读。这样教学会让学生特别有成就感，大多数学生都能抢着正确朗读这几个没学过的单词，同时得到我的称赞："我还没教你们怎么读，你们都已经自己会读了！"

一般情况下，下一节课我会组织默写《英文三字经：林克妈妈的少儿英语学习法》儿歌部分的单词。默写前我会先组织学生复习一遍。他们在本子上默写的时候，我不厌其烦地把每个单词的音标拼读给他们听：/d/-/æ/-/d/，/dæd/。默写，既可以是复习的过程，又可以是指导的过程，还可以是让学生收获很多成就感的过程。大多数学生默写正确，他们特别有成就感。当然，对于掌握程度不是很好的学生，我会注意不去批评和打击他们，而是告诉他们："你们多多练习，慢慢也能掌握的。"教师万不可因追求一时的正确率而去打击学生的学习信心，从而使他们丧失对英语学科的兴趣。

我每教学一课《英文三字经：林克妈妈的少儿英语学习法》，就把那一页的教材拍照发给家长。结果我还没教到第三课，几乎全班学生都已经人手一册了——家长自行给孩子买了这本书。很多家长都向我反映，孩子很喜欢默写这本书上的单词，觉得默写单词很简单。

到三年级结束的时候，我们基本完成了整本书上儿歌部分的单词默写，而且每个学期都设置了"单词大王奖"，学生志在必得，都对默写单词很有信心。

给出具体的拼写指导

当学生觉得默写单词很好玩、很简单的时候，教材上的单词默写才真正有可能不让他们产生畏惧感。

教师当然会在课堂上做各种具体的拼写指导。对学习能力强的学生而言，可能教师不教，他自己就能体会到；也有可能教师一教，他就再也不会忘记。但对学习能力弱的学生而言，可能教师刚教，他就全忘了。这样的学生回到家里，在复习巩固的时候，可能得不到家长科学、有力的支持：或者家长要求孩子反复抄写单词，或者家长干脆不督促。长此以往，这样的学生与同学在拼写单词方面的差距可能会越来越大。

教师尤其要关注学习能力弱的孩子，可以给出具体的拼写指导。

单词 rabbit 分两个音节记忆。第一个音节是 ra，第二个音节是 bbit。hamster 也是分两个音节记忆，第一个音节是 ham，第二个音节是 ster。

giraffe 第一个音节是 gi，第二个音节是 raffe。有两个字母 f，最后的 e 不发音。

monkey，第一个音节是 mon，第二个音节是 key。注意 k 是小开口，y 不能照书上的印刷体写，而要写手写体。

tiger，第一个音节是 ti，第二个音节是 ger。我们学过含 er 组合的单词有：father、mother、brother、sister。

short，背的时候这样记：sh—or—t，里面有两个字母组合。

以前学过 bear，将第一个字母 b 改成 p，就是今天要记的 pear。

apple、orange、these、those 最后的字母都是不发音的

e。these、those，差一个字母。

pumpkin 分两个音节记忆。第一个音节是 pump（我们学过 jump，把里面的 j 换成 p，就是 pump），第二个音节是 kin。

sandwich 分两个音节记忆。第一个音节是 sand（d 不发音），第二个音节是 wich。ch 是一个字母组合。

cupcake 分两个音节记忆。第一个音节是 cup（杯子），第二个音节是 cake（蛋糕）。

juice、yogurt 要注意字母 j、y、g 都要写到四线格最后一条线时才可以转弯。小写字母 y 要写手写体。

read，记住里面的 ea 组合，它在 pea、peach 里面都出现过。

write，可以复习以前学过的 kite、white、bite，单词最后的字母 e 都不发音。

school，ch 是一个组合，oo 也是一个组合。我们以前学过 cool。

上课指导到位，再做出详细的拼读说明，这有助于学生科学、高效地识记单词。

为拼读单词搭建脚手架

《义务教育英语课程标准（2022 年版）》指出："词汇学习不只是记忆单词的音、形、义，还包括了解一定的构词法知识，更重要的是在语篇中通过听、说、读、看、写等活动，理解和表达与各种主题相关的信息和观点。"而无论是"理解"还是"表达"，都需要一定的词汇量。储备词汇量的前提是能够认读、拼读单词。

在学生积累一定的词汇量后，教师可以用不同形式帮助他们搭建拼读单词的脚手架，这样在阅读相应程度读物的时候，障碍就会减少。反过来，认读更多的单词也能帮助他们更好地表达一些信息和观点。

从自然拼读起步，掌握读音规则

教材从二年级开始，就要求学生掌握单词的拼读方法。我从二年级上学期开始拓展教学《英文三字经：林克妈妈的少儿英语学习法》中的单词，学生对元音字母及元音字母组合的常规发音逐渐有了印象，对常用辅音字母的发音也有了一定的积累。

因此，从二年级下学期开始，我就尝试开启单词的自然拼读教学。学生学过的教材上出现的韵律诗可以成为很好的教学资源。大多数韵律诗或歌曲每一句的最后一个单词都含有相同的元音，读起来朗朗上口。这些学生都会诵读（或者歌唱），里面没有生词，这就让学生感觉亲切。

比如，教材二年级下册 Unit 8 有个含有 al 组合的单词 talk 需要学生掌握。

我在二年级上册教材 Unit 1 中找到一首歌曲 *This is my uncle*。歌词是这样的：

> This is my uncle. He's very tall.
> This is my aunt. She's also tall.
> This is my cousin. She's very small.
> I like them all, like them all.

我播放这首歌曲，学生立刻欢快地唱起来。唱过以后，我用课件出示歌词：

> This is my uncle. He's very _____（高的）.
> This is my aunt. She's also _____（高的）.
> This is my cousin. She's very _____（小的）.
> I like them all, like them _____（都）.

其实，tall 和 small 都是教材要求学生在二年级上学期掌握的四会单词。但当时他们基本上是按字母机械记忆的。在二年级下学期的这节课上，我刻意引导他们识记字母组合 al 的发音 /ɔː/。

我在填空处输入四个单词：tall、tall、small、all，其中的 al 组合都标成红色并加了下划线，然后带他们读：

> /ɔː/ /ɔː/ tall
> /ɔː/ /ɔː/ small
> /ɔː/ /ɔː/ all

学生一下子发现了规律，他们喊"都有字母 al"。我趁机出示本单元需要学习的单词 talk，请他们自己试着读一读。显然，不用我领读，他们基本都能够正确朗读。

可见，从二年级下学期开始，教师在单词教学中开始运用自然拼读是完全可行的。比如，教学到 beach 的时候，我不直接教读音，而是出示含有相同字母组合 ea 且都发 /iː/ 的几个单词：clean、easy、teacher，先带学生读：

/i:/ /i:/ clean

/i:/ /i:/ easy

/i:/ /i:/ teacher

然后鼓励学生自己拼读出 /i:/ /i:/ /bi:/，再出示含有字母组合 ch 的单词：chair、peach、teacher、Chinese，带学生读：

/tʃ/ /tʃ/ chair

/tʃ/ /tʃ/ peach

/tʃ/ /tʃ/ teacher

/tʃ/ /tʃ/ Chinese

最后鼓励学生自己拼读出 /bi:tʃ/。

教师要做个有心人，教学每个新单词前都要做好充足准备，让学生通过自然拼读学习单词，这样学生会有一种成就感，这种成就感会成为他学习的动力。另外，通过自然拼读学习的单词，学生留下的印象会更深刻。

从学习音标出发，储备拼读常识

教材从三年级下册开始开设了 Sound time 版块。比如，三年级下册 Unit 1 的 Sound time 版块就竖着排列 4 个含有字母 b 的单词：ball、birthday、book、robot。这四个单词在之前的教材里都出现过，对学生而言不是生词。教材上还有一句绕口令 "Big books, big books, Bob has two big, big books."。学生对绕口令很感兴趣。虽然教材上没有出现音标 /b/，但我会出示这个音标，并带学生这样朗读：

```
/b/ /b/ ball
/b/ /b/ birthday
/b/ /b/ book
/b/ /b/ robot
```

　　而三年级下册 Unit 2 的 Sound time 版块中竖着排列 4 个含有字母 p 的单词：cap、pie、sleep、up。这四个单词对学生而言也不是生词。教材上也有一句很有趣的绕口令 "Up and down, up and down, Paul is walking up and down."。我会及时出示音标 /p/，并带学生这样朗读：

```
/p/ /p/ cap
/p/ /p/ pie
/p/ /p/ sleep
/p/ /p/ up
```

　　事实上，音标 /p/ 和 /b/ 的发音位置相同，只是前者声带不震动，后者声带震动。如此发音有联系的一对音标，分散在前后两个单元，教学时间相距近两周，如果教师不去刻意组织复习和操练，学生对字母 b 和 p 的发音特点就不会有特别深刻的印象。

　　因为学生已经学过字母，并积累了一定数量的单词，我尝试从三年级开始较为集中地组织学生分 14 课时学习 48 个国际音标，如表 2.4 所示。

表 2.4 14 课时学习 48 个国际音标

	元音音标				辅音音标			
第 1 课时	/iː/	/ɪ/	/e/	/æ/				
第 2 课时					/p/	/b/	/t/	/d/
第 3 课时	/ɑː/	/ʌ/	/uː/	/ʊ/				
第 4 课时					/k/	/g/	/f/	/v/
第 5 课时	/ɜː/	/ɜ/	/ɔː/	/ɒ/				
第 6 课时					/s/	/z/	/θ/	/ð/
第 7 课时	/eɪ/	/aɪ/	/ɔɪ/					
第 8 课时					/ʃ/	/ʒ/	/tʃ/	/dʒ/
第 9 课时	/ɪə/	/eə/	/ʊə/					
第 10 课时					/tr/	/dr/	/ts/	/dz/
第 11 课时	/əʊ/	/aʊ/						
第 12 课时					/m/	/n/	/ŋ/	
第 13 课时					/h/	/w/		
第 14 课时					/j/	/l/	/r/	

元音音标与辅音音标间隔教学，便于及时开展拼读练习。如教完第 2 课时的音标后，学生会认读四个元音音标 /iː/ /ɪ/ /e/ /æ/ 和四个辅音音标 /p/ /b/ /t/ /d/，教师就可以指导学生拼读。拼读练习可以采取多种形式。

第一种，用课件呈现音标，做拼读练习，如表 2.5 所示：

表 2.5 拼读音标

	/iː/	
/p/	/ɪ/	/t/
/b/	/e/	/d/
	/æ/	

我带领学生做各种拼读练习：/p/-/i:/-/t/——/pi:t/，/b/-/æ/-/d/——/bæd/……如果拼读出一个学过的单词，学生就会很兴奋，我也会及时出示这个单词。在学生对拼读音标略有印象后，我就用课件做各种拼读小游戏，有积分游戏、闯关游戏……这对喜欢游戏的儿童而言，有着巨大的吸引力。

第二种，用音标卡片进行拼读比赛。学生基本都会玩"24点牌"那样的数学游戏，可以用同样的方法玩音标卡片，只是把算24点改成拼读音标。学生很感兴趣，课间总是聚在一起玩这个游戏。

教师可以在教室的墙壁上张贴音标的海报，也可以在指定桌子上放置两三套音标卡，供学生课间进行拼读比赛。

了解音节，认识重音符号，培养拼读能力

对于字母发音比较符合规则的单词，尤其是单音节单词，一般情况下学生用自然拼读的方法，就可以拼读出新单词；但对于字母发音不符合规则的单词，尤其是双音节、多音节单词，仅靠自然拼读是不够的。学生可以在学会音标之后自行查字典，再拼读出单词的正确发音。这就需要学生了解音节并认识重音符号和次重音符号。

其实在二年级上学期，学生刚被要求默写单词时，我就渗透了"音节"这个概念，但没有对这个概念展开阐述。比如，教学到单词cupcake的时候，我说它分为两个音节。第一个音节是cup，第二个音节是cake。

在学生学习了音标之后，教师就可以在教学双音节或多音节单词的时候，慢慢引导学生理解：一个元音可以构成一个音节，一个元音和前后的一个或几个辅音也可以构成一个音节。4个辅音 [m]、[n]、[ŋ]、[l]和其他辅音也可以构成音节，一般在词尾。像这种语音知识刚开始可以不提。

比如，在三年级下学期教学到单词 picture 的时候，教师就可以出示音标 /ˈpɪktʃə/，指导学生先找有几个元音，就能确认有几个音节。再画出音节，每个音节都是元音和它前后的辅音构成的。这个单词里很明显 /pɪk/ 是第一个音节，/tʃə/ 是第二个音节。在 /pɪk/ 前面的符号表示重音，提醒大家第一个音节要重读。

为便于学生更直观地理解重音符号，我先出示重音符号在第二个音节处的 /pɪkˈtʃə/，然后示范用两只手代表两个音节，一只手放在高处，另一只手在低处，分别读 /ˈpɪktʃə/ 和 /pɪkˈtʃə/。学生一听就理解了，后面再查字典的时候，遇到多音节单词就不会读错重音了。

一旦学生能够感受到自己拼读单词的乐趣，他们就更有可能保持终身学习的兴趣。

为理解文本积累高频词

学生自己阅读英文绘本时，如果遇到生词 noodles 和 chips，只要结合绘本上的图片，就能够理解它们的意思。如果在不同的读物上反复遇到这两个单词，学生就会慢慢加深对它们的印象。即使后来不再配图片，这两个单词也不会成为他们的阅读障碍。

但是有些单词，如 get 和 in 会跟不同单词组合成不同词组，如果学生不能够很好地理解它们的意思，就没法读懂绘本——即便有图片。这就会出现各种阅读障碍。即便学生学过音标，可以自己查字典，生词太多的话，还是会降低学生的阅读热情。

在英语词汇中，get 和 in 这两个单词都是高频词。语言学家多尔希博士把 220 个高频词分为 5 级（见表 2.6）：

表 2.6　高频词 [①]

学前入门级		入门级		1级		2级		3级	
the	one	he	now	of	take	would	write	if	full
to	my	was	no	his	every	very	always	long	done
and	me	that	came	had	old	your	made	about	light
a	big	she	ride	him	by	its	gave	got	pick
I	come	on	into	her	after	around	us	six	hurt
you	blue	they	good	some	think	don't	buy	never	cut
it	red	but	want	as	let	right	those	seven	kind
in	where	at	too	then	going	green	use	eight	tall
said	jump	with	pretty	could	walk	their	fast	today	carry
for	away	all	four	when	again	call	pull	myself	small
up	here	there	saw	were	may	both	both	much	own
look	help	out	well	them	stop	five	sit	keep	show
is	make	be	ran	ask	fly	wash	which	try	hot
go	yellow	have	brown	an	round	or	read	start	far
we	two	am	eat	over	give	before	why	ten	draw
little	play	do	who	just	once	been	found	bring	clean
down	run	did	new	from	open	off	because	drink	grow
can	find	what	must	any	has	cold	best	only	together
see	three	so	black	how	live	tell	upon	better	shall
not	funny	get	white	know	thank	work	these	hold	laugh
		like	soon	put		first	sing	warm	
		this	our			does	wish		
		will	ate			goes	many		

---

① 此表源自微信公众号"Oyeah 中小学英语"。

学前入门级		入门级		1 级	2 级	3 级
		yes	say			
		went	under			
		are	please			

但这样分级显然是为母语为英语的学生而设计的。毕竟母语为英语的学生，从出生开始一直在听、说英语——包括听说这些高频词，他们进行英文阅读要比母语不是英语的学生简单多了。对母语不是英语的学生来说，则可以按照实际学情来学习这些高频词。

从二年级上学期开始，我对学生拼读单词进行初步且具体的指导，并用《英文三字经：林克妈妈的少儿英语学习法》帮助学生积累并掌握部分字母在单词中的发音规律。从二年级下学期开始有意识地对学生进行自然拼读的训练。从三年级下学期开始组织学生学习音标。这样，学生进入四年级下学期的时候，词汇量已经有了一定的积累，对字母发音和音标拼读都比较熟练。在此情况下，我才会重点组织学习高频词。

我根据学情，对高频词做了重新规划（见表2.7）。在开学初，把本学期要求学习的高频词贴在教室墙上，及时印发给学生，以便他们经常看到。

表 2.7　学生需掌握的高频词标准

	多尔希分级	高频词数量
四年级（下）	学前入门级	40 个
五年级（上）	入门级	52 个
五年级（下）	1 级	41 个
六年级（上）	2 级	46 个
六年级（下）	3 级	41 个

对于高频词的学习要求，除了常规的听、说、读、写之外，我重点组织学生用高频词仿写句子。比如，在四年级下学期教学高频词 for 的时候，我组织学生利用学过的单词造句"This...is for you."。在学生造句后，我用课件展示作业。

作业一：

> This pencil is for you.
>
> This sticker is for you.
>
> This apple is for you.
>
> This sweater is for you.
>
> This football is for you.
>
> This basket is for you.

作业二：

> This apple is for you.
>
> This orange is for you.
>
> This banana is for you.
>
> This pear is for you.
>
> This peach is for you.
>
> This grape is for you.

学生在朗读后会发现作业一的问题——主题不集中。因此，在其后的作业中，他们都有所改进，有的全部用复数名词，有的把 for you 全部改成 for mum……在之后的作业展示活动中，学生兴趣浓厚，甚至觉得自己可以创作英文儿歌。

对四年级学生而言，记住 40 个学前入门级的高频词很简单。教师要重点组织学生对多义词（play、make、away 等）的学习。

此外，said 这个单词是动词 say 的过去式。如何让学生理解并运用单词 said，需要教师精心设计，让学生有效练习，真正掌握。我会这样组织教学：

> T: What can you do after school?
>
> S1: I can play football after school.
>
> T（面向全体学生）: He **said** he can play football after school.
>
> S2: I can play chess after school.
>
> T（面向全体学生）: She **said** she can play chess after school.

教师逐一板书，积累答案后，就可以把板书内容组织成一首韵律诗：

> **After school**
>
> × × × **said** he can play football after school.
>
> × × × **said** she can play chess after school.
>
> × × × **said** he can…after school.
>
> What did you do after school yesterday?

通过现场演绎，学生能够很快理解 said 的意思与用法。在此基础上，教师可以继续拓展 "What did your mum say before school?"。

同样，教师可以整理出一首韵律诗，带领全班学生一起诵读：

Before school

Mum said: you should look at the blackboard.

Mum said: you should listen to the teacher.

Mum said: you should read and write.

Mum said: you should clean up your desk.

Mum said: you should…

这样诵读，既巩固了高频词 said 的用法，又组织学生回味了妈妈的良苦用心，还能维护课堂纪律。

英语学习的目标之一是能够理解并用英语表达，这需要学习者积累丰富的词汇。学习者掌握高频词，就可以更好地理解词语在不同语境中表达的不同意思，更顺利地表达自己。

第三章

对话和作文可以这样练

有一次看到一个教学片段，有个重点句型是"Where's… / Where are…"，教师用课件呈现了不同场景下的不同东西，比如，苹果在餐桌上，然后组织学生进行各种形式的对话练习。有师问生答，有生问师答，也有同桌操练。看着很热闹，但其实违背了真实的交际这一语言学习的原则。

只有双方存在信息差的交际才是真实的交际，真实的交际更有助于语言学习者提高语言水平。那些明知故问的结构练习、句型操练等对提高学生的语言能力帮助不大。如果长期在课堂上都"明知故问"，学生就会觉得索然无味。

《义务教育英语课程标准（2022 年版）》指出，学生应通过英语课程的学习达到"逐步形成语言意识，积累语言经验，进行有意义的沟通与交流"这一目标。教师只有仔细研读教材，才能设计出"有意义的沟通与交流"的对话。

基于教材插图，及时拓展对话

使用教材多年，我们发现，在对话教学中占据重要地位的两个版块是 Story time 和 Fun time。这两个版块有一个共同点，都有丰富的插图。教材编排得图文并茂，能够促进学生更好地理解文本。Story time 版块对学生而言，是一种语言输入。学生通过有故事情节的对话或语篇，可以掌握语言知识，发展基本的听、说、读、写技能，初步锻炼用英语与他人交流的能力，促进思维能力的发展，同时提高个人的综合人文素养。而 Fun time 版块对学生而言，则是一种语言输出。学生通过趣味性、互动性较强的语言实践活动，操练本单元所学主要词汇、句型和日常用语。

从输入到输出，教材通过设计不同形式的对话，帮助学生内化语言知识，发展语言技能，并不断提高表达能力。

从插图的本意出发

二年级下册 Unit 1 Where's Kitty? 的话题是描述物品所在的方位，由此教学方位介词。通过本单元的学习，学生要能听懂、会说、会读、会写介词 on、under、behind、in，能熟练、准确地使用句型"Where's..."来询问物品的位置，会用"It's on / under / behind / in..."句型来介绍物品的位置。

本单元的 Fun time 版块是一个看图问答活动。图片上有学生学过的家具 table、desk、sofa、chair，有学过的日常用品 box、basket、vase，有学过的动物 bird、giraffe、puppy、cat、rabbit、teddy、duck、monkey。教师让学生根据图片，运用句型"Where's..."和"It's on / under / behind / in..."进行问答。这是一个非常好的巩固活动。

但是，仅仅进行这个程度的对话练习还不够。在生活中运用的时候，不可能那么巧都是找寻单件物品。为避免学生在实际运用的时候犯愁如何问，教师可以借此机会直接去教。事实上，二年级学生对名词的复数形式、be 动词的复数形式 are 的运用也已经熟练。在此基础上，合理利用教材 Fun time 中的插图，就图中玩具和动物的位置进行问答，稍加拓展，就可以生成一组对话。

我在课件中增加了一些动物的图片，增加了学生学过的 broom、mat 的图片，还增加了一组关于复数物品的问答句型"Where are the...

They are...the...”。学生操练这组对话时反应非常迅速，反馈情况良好。

此外，因为课文 Story time 版块的主要句型是“Where's Kitty?”，而 Kitty 是一个名字，名字前面是不用加定冠词 the 的。但在实际生活中，学生除了会找寻有名有姓的人或动物，也会找寻没有具体名字的物品。在这种情况下，Fun time 版块的插图用意非常好，就是让学生操练找寻没有具体名字的单数物品，所以出现了句型“Where's the...”。为了强化对比是名字的时候前面不要加 the，不是名字的时候要加 the，在教学中，我特意在插图上粘贴了 Kitty 在地毯上的图片，同时增加了一个句型“Where is+ 动物名字 / 人名？ It's / He's / She's...the...”，并标注：“动物名字或人名前面不能加 the。”这样在进行对话操练的时候，学生看着课件上的提示，就可以主动留意，然后熟能生巧，从而真正掌握，而不用教师反复讲解。

上述对话练习都是根据教材插图进行的练习。在对话练习中，教师既巩固了本单元的重点句型（单数物品的位置问答），又拓展了与重点句型紧密相关的句型（复数物品的位置问答），还传授了语法知识（动物名字或人名前面不能加 the）。

挖掘插图的内涵

二年级下册 Unit 2 Dinner is ready! 围绕晚餐这一话题，呈现了日常生活中常见的情景：如何与家人谈论晚餐安排，如何分享食物。通过本单元的学习，学生能够听懂、会说、会读、会写六个关于食物的单词：soup、noodles、rice、meat、fish、broccoli，能熟练运用询问晚餐安排的句子“What's for dinner?”和邀请家人品尝食物的句型“Have some...please.”。

本单元的 Fun time 版块是一个“画一画，说一说”的活动。学生先在卡片上画出一些食物，然后拿着卡片进行交流：

A: Have some meat, please.

B: Thank you. I like meat.

Have some carrots, please.

A: Thanks. I like carrots.

这段对话里出现了学生学过的可数名词 carrot 的复数形式。这是一个不起眼的信息，却是一个重要的信息。这个信息提醒教师注意，学生在生活中邀请家人品尝食物的时候，不会局限于本单元出现的可数名词，也会用到之前学过的其他可数名词，还会用到学过的不可数名词。我针对 Fun time 部分出现的句型"I like…"和"Have some…"重新设计了一组对话——这两个句型在课文的 Story time 部分出现过，却是在不同情境下分开出现的。于是我把这两个句型组合在一起，带学生在课堂上练习：

A: I like…

Do you like…

B: Yes, I do. / No, I like…

A: Have some… Mum / Dad.

B: Thank you. / Thanks.

然后出示学生在教材上学过的食物和饮料的图片，便于他们进行对话。

学习语言的目的在于真实应用。课堂上的"画一画，说一说"活动即便再有趣，也是虚拟场景。因为希望学生能够在真实场景中反复操练学过的句型，所以我精心布置了口语作业："在家里吃晚餐的时候，用英语对大人说'I like… Have some…please.'，并录好视频或者音频，发到讨论这个主题的微信群里。可以只录你对爸爸妈妈说的这组句子，也可以录你对着家里的每个大人说的这组句子。注意可数名词必须用复数形式，不可数名词不可以用复数形式。建议爸爸妈妈尽量配合你，做出回答。"该项口语作业没有截止时间。学生可以天天在家练习并上传口语作业，也可以有空再上传。同时，我告知学生与家长："爱是相互的，不能只有爸爸妈妈对孩子说'多吃点'，孩子也要为父母夹菜。幸福的家庭要真正做到尊老爱幼。"最后，提醒他们："要在吃饭的时候录视频或音频哦！教育要真实。"

事实证明，这项作业意义深远。很多家长第一次知道孩子也该为大人夹菜。一位家长说"每天孩子用英语给我夹菜的时候，我觉得非常幸福"。学生在真实的场景中反复运用所学知识，句型得到强化练习，口语能力自然得到提高。

拓展插图的外延

教材四年级下册 Unit 3 My day 的 Story time 版块没有对话。教材上有三张插图，并配有三段短文，分别叙述 Mike 在上午、下午和晚上的安排。这是一篇文本，如果教师不特意设计一些对话，那么教学过程中的互动性就不够。

本单元 Fun time 版块出现了句型 "When do you get up in the morning? I get up at seven."，所以，教师可以根据 Story time 版块的内容，运用 "When do you...in the morning / ..."，引导学生用 "I...at...in the morning / ..."来回答。这样就构建了对话，增强了学习的互动性。

在这一单元的 Cartoon time 版块出现了另一个句型 "What time is it now? It's seven o'clock."。这也提醒教师，可以用 "What time do you... in the morning / ..."来替代 when 提问，让学生理解询问几点钟做某事的时候，除了用 when，也可以用 what time。

于是，我设计了一组对话。

A: **When** do you get up / ...in the...

B: I get up / ...at...in the...

A: **What time** do you go to school / ...in the...

B: I go to school / ...at...in the...

A: **Do** you watch TV / ...at eight / ...in the...

B: Yes, I do. I watch TV / at...in the...

(No, I don't. I watch TV / ...at...in the...)

学生用以上句子，进行讨论、交流，学习积极性完全被调动起来了。在学完 Story time 版块的内容后，他们能灵活自如地用以上句子进行真实有效的对话。

教师要多研究教材插图的本意、内涵和外延，多设计各种开放的对话。这样不断探究口语表达的灵活性，才能真正提高低年级学生的听、说、读能力。

基于文化知识，合理整合对话

《义务教育英语课程标准（2022 年版）》指出，学生要能够"在特定语境中准确理解他人和得体表达自己的知识""得体且恰当地与他人沟通和交流，提升有效运用英语的能力和灵活应变的能力"。这就是在提醒教师要重视单词与对话背后的文化背景、情感和价值观，在教材基础上不断拓展对话。

了解表示一周七天单词的排序

教材四年级下册 Unit 2 After school 中出现了句型 "What day is it today?" 和表示一周七天的七个单词。一般情况下，教师会组织操练句型 "What day is it today? It's…"。

如果仅限于此的话，内容并不丰富。即便学生可以根据每天的具体情况用不同的单词回答 "It's Monday / …"，这个对话内容仍然是比较单调的。教师如果细心一点儿，查阅历年期末试卷或者不同版本的单元练习题，就会发现关于这个知识点，很可能出现这样一个选择题 "What day is the first / last day of the week?"。有的教师比较有心，会刻意地讲解这个文化知识点，以免学生答题时出错。

与刻意讲解相比，真实有效的对话操练更能让人印象深刻。

教学这一单元的时候，我会提前在黑板的角落里写好三个单词及其中文含义，并请值日生一周内不要擦掉。

first	第一的，首先的
second	第二的
last	最后的

学生运用这三个单词谈论时，对话内容就会更加丰富。涉及以上三个单词时，教师不必刻意领读，只用手指向那个单词即可。

T: Hello, ×××. How many days are there in a week?

S: Seven.

T: What are they?

S: They're Sunday, Monday, Tuesday, Wednesday, Thursday, Friday and Saturday.

T: What's the first / second / last day of the week?

S: It's…

T: What day is after Tuesday / …,

S: It's…

T: What day do you like best? Why?

S: I like…best. I can…on…

T: What day do I like best? Guess, please.

S: You like…best, I think.

T: Yes, you're right. / Sorry, you are wrong.

在整个单元的教学中，多次做这样的对话练习，既可以丰富对话内容，又可以加深师生之间的了解，还可以巩固文化知识：一周的第一天是 Sunday。于是，学生就能顺利回答出 "What's the first / second / last day of the week?" 这个问题。

讨论个人职业理想

教材五年级上册 Unit 5 What do they do? 用句型 "What does your father / …do, Mike / Su Hai / …" 及其答句，帮助学生了解了课文中几个孩子家人的职业。同时，教材呈现了八个职业名称：cook、doctor、driver、farmer、nurse、policeman、teacher、worker。利用这八个单词，学生能够用课文中的角色进行对话，但并不能够自如地进行有关自己家人职业的对话——因为很多表示职业的单词没有学过。但如果教师在课堂上呈现一些关于职业的单词，设计一张单词表，那么这张单词表的范围又过于宽泛，很可能出现学生不停地询问"老师，××职业用英语怎么说？"——这仍然不是好的方法。

在完成教材上 Story time 版块的教学之后，我布置了一个回家作业：了解自己家人的职业，思考一下自己的职业理想，然后在网络上查找几个相关单词，记录下来，听录音，自己跟读。

在第二天的课上，我设计了如下对话：

T: Hello, × × ×. I'm a teacher.

　　Is your father / mother / ...a teacher too?

S1: Yes, he / she is. He / She is a teacher.

　　(No, he / she isn't.)

T: What does your father / ...do, × × ×?

S2: He is a policeman / ...

T: What do you want to be?

S2: I want to be a pilot / ...

T: Who wants to be a pilot / ...too?

S3 / S4: I want to be a pilot / ...too.

这轮对话，学生立刻觉得有话可讲，而且不仅仅是跟教师对话，同时能了解哪些同学跟自己有相同的职业理想。可见，只是让学生提前自学了几个职业名称，就能为课堂上真实有效的对话提供足够的素材。

形象直观地理解词语之间的差别

教材四年级下册 Unit 3 My day 的 Cartoon time 版块出现了词组 over there。课文中的句子是这样的：

Sam: What can you see over there, Bobby?

Bobby: I can see a cake.

学生通过看课文配套视频及插图，基本能够明白 over there 的意思，但把它与 here、there 进行对比，学生则未必能精准地理解。

为此我设计了两则对话。

对话一：

> 课件出示情境：Sam 和 Bobby 站在沙漠里，离它们很近的地上有一瓶可乐（局部被沙子淹没）。
>
> Sam: What can you see **here**?（课件出示句子，单词 here 标成红色）
>
> Bobby: I can see a bottle of cola.
>
> （离它们较远的地上也有东西）
>
> Sam: What can you see **there**?（课件出示句子，单词 there 标成红色）
>
> Bobby: I can see a watermelon.
>
> Sam: What can you see **over there**?（课件出示句子，词组 over there 标成红色）
>
> Bobby: I can see a cake.

通过由近而远出现的可乐、西瓜和蛋糕，学生能够形象而快速地理解 here、there 和 over there 的区别。

为了让他们理解得更透彻，印象更深刻，我设计了对话二。

对话二：

> （我戴了头饰，标着名字 Lily）
>
> T: I'm Lily. I'm new here.
>
> （用手指离我很近的一个学生问）
>
> T: Who's this boy **here**?

Ss: He's A.

（用手指离我稍远的一个学生问）

T: Who's that boy **there**?

Ss: He's B.

（继续指跟我隔着讲台和好几排课桌的一个学生问）

T: Who's that boy **over there**?

Ss: He's C.

我语速飞快，学生都笑眯眯地快速回答，而且异口同声。然后我请学生来当 Lily，大家的积极性非常高。不必刻意讲解 here、there 和 over there，通过对话，学生就能够较好地掌握。

在随后的 Unit 4 Drawing in the park 的 Story time 版块再次出现了 over there。课文中的对话是：

A: What can you see over there?

B: I can see a tree and some flowers.

我利用课件，结合这一单元中的两个单词 boat 和 river 设计了下面的对话：

（课件显示，小船靠在岸边）

T: Where's the boat?

S: It's here.

（操作课件，让小船漂得远点儿）

T: Where's the boat now?

S: It's there.

> （操作课件，让小船漂得更远，漂到桥的另一边）
>
> T: Where's the boat now?
>
> S: It's over there.

在 Unit 3 第一次接触的时候，关于 here、there 和 over there，主要是教师在输出；而在 Unit 4 的对话教学中，关于 here、there 和 over there 则是学生在输出了。全程非常流畅，没有理解与表达的障碍。

可见，学生通过学习和运用英语，可以逐步养成基于文化沟通的交流意识和能力。

基于语法难点，巧妙设计对话

英语课堂教学的内容包括语言内容和主题内容。主题内容是语篇（包含对话）承载的观点、经验、情感等，而语言内容就涵盖语音、词汇、语法等语言知识和听、说、读、写等语言技能。在日常课堂教学中，教师可以根据语法难点，设计一些对话，帮助学生更好地理解与掌握语法知识。

为教学 be good at 这个短语，设计对话

当教材中出现了涉及新语法知识的句子时，教师可以考虑一下，是否可以设计有效的对话，帮助学生精准、快速地理解。

教材五年级上册的 Unit 4 Hobbies 中出现了一个陈述句 "I am not good at football."，涉及新短语 be good at，为此我设计了这样两版对话（见表 3.1），帮助学生理解。

表 3.1　两版对话

A 版	B 版
T: Hello, ×××. Can you draw / sing / dance well?	T: Hello, ×××. Can you draw / sing / dance well?
S: No,I can't. I can't draw / sing / dance well.	S: Yes, I can. I can draw / sing / dance well.
T: That's OK. What can you do well?	T: Great! You're good at drawing / singing / dancing. And I am good at drawing / singing / dancing too.
S: I can skate / play basketball / … well.	
T: Great! You are good at skating / … And I am good at skating / … too.	(But I'm not good at drawing / singing / dancing.)
(But I'm not good at skating / …)	

通过对话教学，学生能较为快速、准确地理解 be good at 的含义，这就为接下来他们用这个词语主动交流打下了基础。在对话中，学生就对 be good at 后面跟名词或者动名词这个语法知识印象深刻，真正做到了在语言操练中学习。

为教学表示顺序的副词，设计对话

教材五年级上册 Unit 8 At Christmas 谈论的话题是圣诞节，Story time 版块是一段叙事文本，没有对话。文本运用 first、next、then 和 finally 这样表示顺序的副词进行描述。根据课文内容，我设计了几组对话。

随机出示 Mr Green 一家人过圣诞节的图片，组织对话一：

T: What do the Greens usually do at Christmas?

S: They usually…

出示下列词组：

> buy presents for their family and friends
>
> put some pretty things on the Christmas tree
>
> open the presents
>
> have a big lunch
>
> buy a Christmas tree
>
> cat a turkey and Christmas pudding
>
> put the presents under the tree
>
> put a stocking on their beds

随机出示四个场景，组织对话二：

> T: What can they do in the dining room / ...
>
> S: They can ... in the dining room / ...

然后，我把上述八个词组整理到四个场景里（见表 3.2）：

表 3.2　在四个场景中运用八个词组

in the dining room	have a big lunch eat a turkey and Christmas pudding
in the bedroom	put a stocking on their beds
in the supermarket	buy presents for their family and friends buy a Christmas tree
in the sitting room	put some pretty things on the Christmas tree put the presents under the tree open the presents

学生要完成对话，就需要思考何时何地做什么是可行的、合适的。因此，在训练语言的同时，可以提高学生的思维能力。

接着出示 first、next、then 和 finally，组织对话三：

> T: Mike and his family are busy. Guess what do they do for Christmas first / ...
>
> S: They...first / ...

让学生给这四个场景的活动排序，并练习上述对话。在鲜活的对话中，学生不仅学习了如何运用这些副词，也锻炼了逻辑思维能力。

为教学如何点餐，设计两组对话

教材四年级上册 Unit 6 At the snack bar 的 Story time 版块，用句型"What would you like? I'd like..."进行点餐。这是本单元的重点句型。故事中的 Mike 和 Helen 分别对爸爸说"I'd like a hamburger and a glass of milk.""I'd like some noodles."。教材里出现了食物和饮品类的词语：a cup of coffee、a cup of tea、a glass of juice、a sandwich、rice。教师可以带学生复习学过的单词，同时设置各种情境，组织学生进行点餐练习。

但"I'd like..."这个句型显然与句型"I like..."非常容易令人混淆。在本册教材的 Unit 1 I like dogs 中，学生刚重点学习过"I like cats / dogs / ...",当时为了让学生对 like 的用法印象深刻，教师在教学中做了各种铺垫。

这两个句型成为学生理解的一个难点。教师可以巧妙设计不同场景下的两组对话，让学生更真切地理解这两个句型，并能流利运用英语进行交流。

我设计了两个场景。

场景一：

(Su Hai 和 Su Yang 去 Yang Ling 家做客。Yang Ling 的妈妈 Mrs Yang 准备好了各种小吃招待大家。)

Mrs Yang: What would you like?

Su Hai: I'd like pies.

Su Yang： I'd like cakes.

Mrs Yang: OK. Here are your pies, Su Hai.

Here are your cakes, Su Yang.

Su Hai: Thank you. I like pies. They're yummy.

Su Yang： Thank you. I like cakes. They're nice.

场景二：

(Su Hai 和 Su Yang 跟着妈妈 Mrs Su 准备去快餐店吃午饭。在路上，她们开始讨论。)

Su Hai: I like hamburgers. I like ice creams too.

Su Yang: I like sandwiches. I like pies too.

(进入店内，妈妈准备点餐)

Mrs Su: What would you like?

Su Hai: I'd like a hamburger and an ice cream.

Su Yang: I'd like a sandwich and a pie.

Mrs Su: I see.

Su Hai: What about you,Mum?

Mrs Su: I'd like a sandwich and a cup of tea.

(服务员走过来问)

Can I help you?

Mrs Su: I'd like a hamburger, an ice cream, two sandwiches, a pie and a cup of tea.

对话演绎完毕，请学生思考：为什么在不同场景下，有的在点餐前说"I like…"，有的在点餐后说？可不可以调整顺序？把场景一里的"I like…"改成在点餐前说，把场景二里的"I like…"改成在点餐后说，试着跟同桌练习一下。

同桌操练完成后都笑起来。他们在操练中发现，在同学妈妈招待自己吃小吃后用"I like…"是表示礼貌；跟自己妈妈去快餐店点餐前就用"I like…"是为了节省点餐时间，提前确定自己的想法。如果调整说"I like…"的顺序，在场景一里，会显得自己很不礼貌；在场景二里则好像没有太大问题。

根据讨论结果，再请学生分别演绎这两组对话，学生对句型"I'd like…"与句型"I like…"的理解与运用问题就非常少了。

为教学"There be…"句型，设计两组对话

教材五年级上册的 Unit 1 Goldilocks and the three bears 是一篇文本，共四段，每段都有旁白和主人公 Goldilocks 的自白。旁白部分主要是"There be…"句型。这对学生而言是新知识。到了 Unit 2 A new student，课文中出现了一般疑问句"Is there a… / Are there any…"及答句。

这两个单元的 Story time 版块中都没有"What's in the… There is / are…"的对话。根据以往的经验，学生在听力练习或者口语交际中，对"What's in the…"和"What's this / that in the…"的回答常常出错。因此，在学生第一次接触"There be…"句型的时候，直接进行对比性的

对话练习，是比较可行的。

根据课文内容，我设计了两组对话（见表 3.3）。

表 3.3　两组对话

A 组	B 组
A: What's in the picture?	A: What's **this** in the picture?
B: There's a forest in the picture.	B: It's a forest in the picture.
A: What's in the forest?	A: What's **that** in the forest?
B: There's a house in the forest.	B: It's a house in the forest.
A: What's in the house?	A: What's **this** in the house?
B: There's a table in the house.	B: It's a table in the house.
A: What's on the table?	A: What's **that** on the table?
B: There's some soup on the table.	B: It's some soup on the table.
A: What's in the room?	A: What are **these** in the room?
B: There are three beds in the room.	B: They are three beds in the room.
A: What's in front of Goldilocks?	A: What are **those** in front of Goldilocks?
B: There are three bears in front of her!	B: They are three bears in front of her!

通过对比操练，学生对"What's in / …"和"What's this / that in / …"的不同答案有了更深刻的印象，能够真正理解，对第一个问句，用 There is / are 回答。对第二个问句，用 this / that 提问，才需要用 It's 来回答；用 these / those 提问，则用 They're 回答。

低年级，开始整段的口头表达

《义务教育英语课程标准（2022 年版）》对写作的要求是循序渐进的，从"根据图片或语境，仿写简单的句子"，到"围绕图片内容，写出几句意思连贯的描述"，再到能"模仿范文的结构和内容写几句意思连贯的话，并尝试使用描述性词语添加细节，使内容丰富、生动"。

由此可见，培养学生的英文写作能力需要从低年级开始，而不能到了中、高年级后才重视。

书面写作的前提是口头表达。一个学生如果能够运用所学语言介绍自己和身边熟悉的人或事物，能够表达情感和喜好等，他动笔写作文的时候，就不会觉得太难。所以英语作文教学，可以从段的口头表达开始。

从哪个阶段开始组织学生进行完整的口头表达呢？是不是要考虑学生的词汇量？是不是要掌握一定的词汇量，才可以开始完整的口头表达？用什么样的形式？是否列入考核？……相信很多教师都有这样的疑问。

我也是在教学中一步一步调整自己的想法和做法的。

《义务教育英语课程标准（2022年版）》指出，学生"表达与交流"的一级目标是"能围绕相关主题，运用所学语言，进行简单的交流，介绍自己和身边熟悉的人或事物，表达情感和喜好等，语言达意"。由此可见，仅仅能"进行简单的交流"是不够的，还需要"介绍自己和身边熟悉的人或事物，表达情感和喜好等"。也就是说，在口语表达中，不仅要求学生能够对话，还要求能完整表达。

苏州在小学一、二年级就开设了英语课。二年级的时候，由于学生词汇量略有增加，可以开展从句的交流到段的表达的语言训练活动，为中年级的书面表达做准备。语言训练活动的形式可以多种多样，与学生的生活紧密结合。

制作 Family tree，将语言活动延伸为亲子活动

教材一年级上册 Unit 3 This is Miss Li 出现了单词 dad、mum，考虑到现在二胎家庭比较多，我及时拓展了单词 brother 和 sister，便于学生练习。

到了二年级上册 Unit 1 She's my aunt，教材里出现了 uncle、cousin、aunt 这三个单词。在教学的时候，我组织学生复习了 dad、mum、brother 和 sister。为了不让学生觉得负担过重，拓展了口语中常用的 grandpa 和 grandma，而不是书面语的 grandfather、grandmother。而且，在拓展的时候，教师不仅要关注本册教材，还要关注后面几册教材。要根据教材编排与学生年龄特点，分批次拓展。如果在同一单元集中拓展过多内容，学生就有可能消化不了。

这样的话，在教学二年级上册 Unit 1 的时候，关于家庭关系称谓的单词，教材上分两次出现的，再加上我分两次拓展的，共有 9 个：grandpa、grandma、dad、mum、brother、sister、uncle、aunt、cousin。学生通过之前看过的绘本，把重要的那句"This is me!"掌握得非常好。

二年级上册 Unit 1 的 Fun time 版块设计的活动是 Stick and say。教材上画了家谱，下面是两个学生拿着制作好的家谱进行交流。"He's my dad. She's my mum…"这都是陈述句，仅限于介绍身份。

我组织学生复习了他们学过的一些动词 dance、sing、draw、cook、run、jump、hop、walk 和句型"I / He / She can…"。复习词汇后，就可以开始整段的口头表达。

我在教学的时候，出示了自己为卡通人物 Lily 制作的家谱，做示范"Hello! My name is Lily."。首先介绍自己，然后用"Look!"导入，逐一介绍自己的家庭成员，在每个家庭成员后面都加上一两句描述，如"This is my mum. She's beautiful. She can cook."，并提醒大家，为了表示谦虚，介绍自己要留到最后"This is me!"，再加上一句总结"I love my family."。教师一口气说了一整段话，都是学生能听懂、能表达的句子，于是，课堂上学生跃跃欲试，抢着为 Lily 代言，介绍她的家人。下课铃声响起的时候，学生都感到意犹未尽。

我顺势把这个课堂语言练习活动延伸为课后亲子活动。

在当天的"家校通知"里，我这样留言：

请孩子们参照书上第 8 页的内容，或者从网络上查找资料，制作自己家的 Family tree。可以是爷爷奶奶那边的家庭成员（爸爸妈妈和自己及兄弟姐妹、叔叔婶婶、姑姑姑父、堂兄弟、堂姐妹），也可以是外公外婆那边的家庭成员（爸爸妈妈和自己及兄弟姐妹、姨妈姨父、舅舅舅妈、表兄弟、表姐妹）。很多小朋友不知道如何称呼亲戚。有的亲戚可能分居两个城市，孩子们不熟悉，甚至不认识。借此英语作业，认识一下家庭成员，这对孩子而言，应该是一件很有趣的事。

使用 A4 纸即可。最好把家人的图片（大头照）打印、粘贴在 Family tree 上。实在找不到照片的话，可以让小朋友画出来。

每个人物下面都写上相应的单词，如 grandpa、grandma、dad、mum、brother、sister、uncle、aunt、cousin、me，并在每个人物边上写上一个表示动作的单词。请小朋友准备好自己的 Family tree，下周上课要做展示。

请爸爸妈妈多多支持孩子。这个活动既是小朋友的英语学习活动，也应该是很有意思的亲子活动。

最后我们会评奖哦！

从第二天开始，就陆续有小朋友拿来制作好的 Family tree 到教室，他们一有空就找我，给我看他们的作品，讲述这个作品完成得多么不易，并让我提前听听他们的介绍，好为课堂上的展示做准备。

我特意安排完整的一节课，让孩子们展示他们的 Family tree。这个展示包含纸质作品与英语说明，并当场颁奖——其实只要准备了作品并到讲台前面进行说明的孩子都能获奖。我给这些获奖孩子颁发证书，并合影留念，还把获奖孩子的合影发到家长微信群里。

在当天的"家校通知"里，我写了这么一段话：

> 今天有 30 多位小朋友获得 Family tree 设计创作奖，有的小朋友获得两张证书。孩子们非常激动。父母的支持对孩子而言很重要。明天我会把孩子们设计创作的 Family tree 发给大家。建议各位爸爸妈妈帮孩子收藏好，期末可以放进孩子们的成长档案袋里。毕业的时候，可以作为毕业纪念册里的个人材料。帮孩子收集好所有证书，以及各个年龄段的作品，都是非常有价值的事情。

举办主题作品展，将语言活动拓展为作品展览

低年级学生往往喜欢画画，教师可以根据学生的这个特点，举办一些主题绘画作品展览。

教材二年级上册 Unit 3 It has a short tail 出现了动物名称 bear、giraffe、monkey 和 tiger，同时出现了 tail 这个单词，以及形容词 long 和 short。教师可以带学生及时复习教材二年级上册 Unit 2 I have a rabbit 中的单词 rabbit、dog、hamster 和 cat，还有两个形容词 big 和 small。教师还可以组织学生复习一年级下册 Unit 7 What's that? 中的单词 pig、lamb、duck 和 cow，复习一年级上册 Unit 4 Is this a teddy? 里面出现的 puppy，复习一年级下册 Unit 4 Spring 中出现的形容词 beautiful、happy、colourful。另外，复习所有学过的表示颜色的单词 pink、red、blue、green、yellow。

帮助学生梳理了这些单词后，就可以举办一次 Animal show，请学生画出学过英文名称的一种动物（写上英文单词），画出它的特点（写

上学过的合适的形容词），画出它的颜色、尾巴（写上 tail 这个单词，标明 long 或者 short）。然后，用英语描述自己的作品并录音。教师根据作品与音频评出优秀作品。

学生积极响应，作品各具特点。为了确保描述准确，学生纷纷在课间找我确认，让我先听听他们的口述，然后回家再练习和录音。

比如，学完教材二年级下册 Unit 4 I have big eyes 后，就组织主题为 "Look at me" 的漫画展。请学生画一幅自己的漫画，画出五官及头发特点，画出身高和体型特点，并写出英文关键词，然后用英语描述作品并录音。教师根据漫画质量与英语口语表达，评出优秀作品，并及时在学校里展出优秀的漫画作品。

最后，我会及时颁奖，和获奖学生合影留念，并将合影发到家长微信群里。整个过程学生都积极参与。

利用教材插图，将语言活动拓展为语篇表达

教材二年级下册 Unit 4 的话题是脸部特征，通过学习本单元，学生能够听懂、会说、会读、会写六个脸部相关单词 hair、eye、nose、ear、mouth 和 face，能熟练运用句型 "I have…" 描述一个人的脸部特征。

本单元的 Fun time 版块是 "做一做，说一说" 活动。两位学生各自制作面具，然后将制作好的面具戴在脸上，轮流做介绍。通过这个有趣的手工活动，学生可以更好地操练本单元的目标句型。

A: Look! I have small eyes.

  I have… I…

B: Ha! Ha! I have a small mouth.

  I have…

出于让学生真实地运用语言的目的，我就这张插图的外延——描述一个人的脸部特征，补充了四个口语作业：

作业一：

> 请描述一下自己的长相，可以按从上到下的顺序（hair、eyes、ears、nose、mouth）描述。按顺序描述很重要，这样就不会遗漏——注意单复数哦！
>
> Look at me. I have _____ **hair**.
>
> Look at my **face**. I have _____. I have _____. I have _____. I have _____.
>
> I am cute!

作业二：

> 考验小朋友们的时候到了！请介绍一下你的爸爸或者妈妈的长相。介绍爸爸妈妈的时候，不能再用 have，而要用 has——还是要注意单复数哦！
>
> Look at my **dad**. He has _____ **hair**.
>
> Look at his **face**. He has _____. He has _____. He has _____. He has _____.
>
> I love my dad!
>
> Look at my **mum**. **She** has _____ **hair**.
>
> Look at her **face**. **She** has _____. **She** has _____. **She** has _____. **She** has _____.
>
> I love my mum!

作业三：

如果你有哥哥姐姐、弟弟妹妹的话，请参照作业二的句型，试着描述一下给老师听哦！老师很想知道你的兄弟姐妹长什么样。

作业四：

请找出之前制作的Family tree，在各个家庭成员的头像边上写上至少一个描述特征的短语，如 a small nose、big eyes、short hair、long hair 等。然后看着添加了短语的Family tree，再次描述自己和全家人的特征。

可以参考 Lily 的介绍。

Hello! My name is Lily. Look! This is my grandpa. He's tall. He has a big mouth. He can cook. This is my grandma. She's short. She has a small nose. She can cook too. This is my dad. He's tall. He has short hair. He can run. This is my mum. She has long hair. She can cook. She's beautiful. …This is me! I have big eyes. I can draw. I love my family!

这样的口语作业，已经渐渐从对话升级到语篇了。对二年级学生而言，口头作文其实是有些难度的。因此，我让学生自愿提交作业四的音频文件，但事实上他们的参与度非常高。

在学生反复练习口语之后，教师不必再机械强调，ear 和 eye 通常以复数形式出现，nose 和 mouth 则使用单数，hair 是不可数名词，学生在实际运用中能真正巩固书上要求掌握的单词和句型。更重要的是，这样的口语作业可以让教师与学生之间发生更多连接——教师想了解学生，学生愿意被教师了解。学生有了表达的欲望，就会更有动力学习语言。

延伸绘本阅读，将语言活动升级到口头作文

绘本是很好的教学资源，英语教师经常会选择绘本进行拓展教学。合适的绘本对学生的英语学习有着事半功倍的效果，但是，它的局限性也是显而易见的。一般情况下，教师会用课件展示绘本，进行整班教学。一下课，学生就不再接触这本绘本。这其实是对教学资源的一种浪费。因此，我在绘本教学结束后，会带领学生在第二节课上复述整本绘本，并把口语作业布置给学生。

教学教材二年级下册 Unit 5 Can you? 时，我把绘本《我的家人》里面的句型"My mum / ...likes to dig / ..."全部改写成"My mum / ...can dig / ... Can you?"。第一课时，我带领孩子们一页一页地学习绘本，巩固并拓展了重点句型"My mum / ...can... Can you?"，复习单词 grandpa、grandma、brother、sister，并通过这本绘本学习了两个新单词 dig、bake。在第二课时，我从这本绘本上截了一张图，图上有所有家庭成员，我在每个人的图片边上出示了一个动词，然后设计了一个口语作业：

请复述课堂上学过的绘本《我的家人》的故事。
（第三行要用同样的句型连续说 6 句哦！要介绍每个家庭成员能够做的事。）
Hello! I'm Bunny.
This is my family.
My mum / ...can dig / ...
Ha! Ha! I can...
I love my family.

在听学生复述的时候，我感到非常惊喜，他们都能够流利地表达。而且，当我说出"If you can't retell the story well, I can help you."后，很多学生表示自己能够独立而流畅地完成复述。

低年级的段落式口语表达，是为中年级的书面表达做准备的。教师要吸引学生的注意力，不要去批评暂时不感兴趣的学生。吸引的过程就是渐进的过程，不要急于求成。教师一次次组织口语训练活动，一次次举行颁奖仪式，一次次将获奖学生的合影发到家长微信群里，自然会慢慢地引起更多学生和家长的重视，从而吸引学生参与。

中年级，开始整段的书面表达

《义务教育英语课程标准（2022年版）》指出，小学3—4年级学生需要具备良好的"表达与交流"能力。具体到书面表达中，就是能根据图片或者语境，写简单的多个句子，从而成段。为此，我设计了以下几种练习。

仿写练习

有了二年级时多次段落式口头作文训练打底，三年级时，就可以慢慢开启填空式仿写训练了。设计的时候要注意：让学生填入的词语基本上都是教材上出现的、学生已经学过的。这样就能较好地避免学生初学写作时产生挫败感。

教学三年级上册 Unit 3 My friends 时，我设计了这样的仿写练习：

My good friends

1. 请画出你的两个好朋友，一个男生，一个女生。再画上你。注意画出你们的特点。

2. 请描述你和你的好朋友们。

①先说自己有两个好朋友：I have _____ good _____.

②然后描写女生：This is _____（姓，首字母大写）_____（名，首字母大写）. She's my friend. She has _____ eyes. She has a _____ mouth. She is _____（描述她的形容词）. She can _____（会做的事）.

③再描写男生：This is _____（姓，首字母大写）_____（名，首字母大写）. He's my friend, too. He has _____ ears. He has a _____ nose. He is _____（描述他的形容词）. He can _____（会做的事）.

④再写你自己：Look! This is me. I have _____ _____. I have a _____ _____（介绍你的眼睛、耳朵、鼻子或者嘴巴）. I can _____（会做的事）. I like _____（喜欢的颜色）. My friends like _____（共同喜欢的颜色）, too.

⑤最后写写你对朋友们的感情：I _____（喜欢）my friends. We are _____ _____（好朋友）.

教学三年级下册 Unit 3 Is this your pencil? 时，我设计了下面的仿写练习：

My schoolbag

Look! I have a new _____（书包。请画一下自己的书包并涂色）.

It's _____ (书包的颜色). It's _____ and _____ (用两个形容词，可以是 big / small / cute / beautiful / heavy / …).

There are five books, _____, _____ and some _____ in it (加上数词的学习用品，模仿 five books).

I go to school with my schoolbag. And I like it very much. I don't have a lunch box in my schoolbag. Do you have a lunch box in your schoolbag?

这种填空式仿写练习要紧紧围绕本单元的语言知识点，又要与学生个体相关。学生虽然是按提示完成填空，但因没有唯一的答案，就可以真实地表达。因此，学生就不觉得这个学习任务太难，也很乐意表达。在三年级的两个学期中，针对每个单元我都设计一次这样的仿写练习，他们渐渐地能从 Story time 的对话中提取关键词，慢慢体会段的概念。

改写练习

在经过三年级一学年的填空式仿写训练之后，进入四年级，我开始训练学生改写 Story time 部分的对话。刚开始改写时，我会提供一些关键词，后来就指导学生在理解对话的基础上独立改写。

教学四年级上册 Unit 4 I can play basketball 时，为了让学生顺利完成改写任务，我提前拓展教学了 at last。这样，学生把 Story time 部分的对话改写成独立的段落，就非常简单了。

Hello! I'm Liu Tao. Wang Bing and Mike are my friends. Wang Bing can play basketball. Mike can play basketball well. I can't play basketball. But Wang Bing and Mike can teach me. And I can have a try. At last, I can play basketball.

教材四年级下册 Unit 2 After school 的 Story time 版块也是一篇对话，在完成学习后，我组织学生进行改写练习。

Hi! I'm Liu Tao. It's Wednesday today. I want to play table tennis after school. But Mike has a football match. Su Hai and Su Yang have a swimming lesson. What a pity! Su Hai and Su Yang don't have any lessons on Saturday. I can play table tennis with them on Saturday.

学生通过四年级一学年的改写训练，对整段表达有了较为明确的认知。

同题作文

学生升入四年级后，开始初步练习写作文。因为学生词汇量不够，句型不熟练，所以每单元一次的作文练习都是让他们写同题作文。教师提供统一素材，设定统一题目，逐句指导学生写作文，这样错误率比较低，能确保学习能力弱的学生初步开始段落写作，也能较好地保护他们的学习信心。

轮流写作

在教师指导下写同题作文，对有表达意愿的、学习能力强的学生而言，会比较无趣。基于此，我设计了轮流写作，即每单元安排同一个主题的写作任务，以小组轮流写作的形式完成。教师每天批改小组中一位组员的作文，当天就由下一位组员带回家进行同题写作。在写作之前，他可以阅读前面同学的同题作文，尽量避免出现语法错误。

我为各组都准备了"轮流作文本"，它是比普通作业本更大更厚的作业本。每组六个学生共享一本作文本，每个学生的姓名都写在可爱的贴纸上，然后在作业本的封面上贴成一个心形，或者一个圆形。这样轮流作文本的封面看起来很可爱。

作文题目不统一，但主题统一。我鼓励学生争取做到图文并茂，而且每一轮我都邀请学习能力强的学生当"领写员"。后来很多学生抢着成为新一轮领写员。这可以给其他同学做一个示范。每天放学后拿到轮流作文本的同学都会先看一看前面的同学写了什么。这对学习能力弱的学生而言，是非常好的学习资料。

每天早上，我在每个班级收7本作文本（共7个小组），然后逐句批改，及时找学生修改、订正，并尽早把其中最优秀的轮流作文本在教室的走廊里展示。学生对展示轮流作文本这个活动非常关注。每次写轮流作文时，都有学生问："老师，今天会展示我的作品吗？"一旦自己的作品被展出，学生就会格外激动。

每天在走廊里展示优秀作文，学生既可以观摩同班其他小组的优秀作文，也可以观摩其他班级的优秀作文，以拓宽视野。通过日常的"轮流作文展"，学生不再是每单元只接受一课时的作文指导，而是可以持续学习伙伴们相同主题的不同作文。这对提高他们的英文写作能力，激发写作兴趣，起到了很好的推动作用。

高年级，开始整篇的书面表达

在日常的英语教学中，教师如何对小学高年级学生进行写作训练呢？

重视常用词的学习

在书面表达中，表示频率和时间的单词和短语，以及引导各种状语从句的连接词都是常用词，学生对这些常用词掌握得越牢固，他们写作的逻辑性就会越强。所以，教师平时要重视学生对这些常用词的学习。

我会把这些常用词分类做成海报（见表3.4、表3.5）贴在教室里，或者做成简单的课件放在教室电脑的桌面上——可以随时打开。在日常教学中用到这些词的时候，我就会在海报或者课件上指出来，学生耳濡目染，渐渐就能理解这些词，并慢慢尝试运用。

表 3.4　表示时间的常用词

first	once
to begin with	as soon as
next	soon
then	until
after	
later	
finally	
last	

表 3.5　表示频率的常用词

always
usually
often
sometimes
hardly ever
never

学生在听懂、理解用法的基础上，就会在平时的对话中自然地运用这些常用词，熟练之后在写作中也能恰当地运用它们，让自己的表达更

顺畅。

写作前复习与作文主题相关的句型，拓展相关词组

教师在平时的写作课上，一开始可以以提问的方式，让学生熟悉一下与本次作文主题相关的句型，引发学生思考，同时将作文主题自然引出。在这个环节，可以锻炼学生的口语表达能力和口头作文能力。

以四年级下册 Unit 3 My day 写作指导课为例，这一单元的作文主题就是 My day。在写作课开始，我就设计了一个头脑风暴活动，让学生回答 "What can you do at school / at home / after school / ..."，并将答案按首字母分类，画出思维导图，整理各种词组。

同时，为便于学生顺利表达，在这个环节，我会一边进行对话练习，一边拓展词汇，并提醒学生根据自己的能力（是否在课外学过这个词组）与需求（写自己的一天的时候是否需要用到这个词组），将拓展的词汇摘录在作文练习本右侧的 Word List 里。我们的作文本右边的四分之一栏，是 Word List。

比如，do some housework, walk with my mum, play the piano, study on the computer，这些与作文主题有关的词组，教师若能及时拓展，就能适当降低小学生写作文的难度。

拆解范文，培养结构感

在正式写作前，教师可以向学生提供一两篇范文，进行一定程度的拆解。这两篇范文，第一篇可以是结构比较完整的，没有语法错误的，以便学生学习；第二篇可以是有若干问题的，供学生修改的，并提醒学生避免出现这些问题。

以教材四年级下册 Unit 4 Drawing in the park 为例，这一单元的作

文主题是看图表上的信息，以"My friends and I"为题写一篇短文。我出示的第一篇范文结构非常完整，有 Introduction、Beginning、Middle、End、Conclusion，让学生照着这个结构去填充自己的作文内容。

但同时，这并不是一篇完美的范文。在范文中，主人公 Mike 先后两次提到自己的朋友"This is my friend, Nancy.""This is my friend, Liu Tao."，因为两个句子并不连在一起，所以学生不会特别注意。我在教学中特意标出这两个句子，请学生读一读，让他们意识到这两个句型完全相同就显得有些单调，然后启发他们改变第二次介绍朋友时使用的句式。学生的思路一下子就打开了：

> Look at the tall / cute / …boy. He's my friend, Liu Tao.
>
> Look at the boy over there / under the tree / … He's my friend, Liu Tao.
>
> Look at the boy in black / with a cap / … He's my friend, Liu Tao.

按着改变句型、表达相同意思这个思路，再逐一研究范文的句子，把雷同的句型找出来，加以适当改写，并增加细节，让学生理解怎样表达，作文内容更丰富。

我出示的第二篇范文与第一篇范文相比，则有明显的结构上的缺陷——没有结尾。因为第一篇范文的结构非常完整，所以学生很快能发现这个问题。同时，第二篇范文没有把图表上的信息完全写进作文中，这让学生意识到，看图表写作文，不仅要有完整的结构，而且图表的信息也不能缺失。当然，可以通过自己的想象，适当地补充一些细节。

在出示第二篇需要修改的范文的时候，要注意这里的训练不是改错，所以范文里不要出现单词拼写错误或者语法错误。要让学生把关注点始终放在文章的结构上，而非单词拼写或者语法上。

及时修改、校对

在完成初稿后，我会要求学生自己认真阅读至少两遍。第一遍，检查标点符号和单词是否有误，检查名词是否加上冠词 a / an / the 或者以复数形式出现，检查首字母是否大写；第二遍，检查是否可以运用形容词或者增加表示地点、方式、特点的介词短语，从而让内容更生动、更具体。阅读两遍的过程，也是修改、校对的过程。

为了提高学生修改作文的能力，也为了减少教师批改及找学生订正的时间，我会要求学生在课堂上检查同桌的作文。按上述检查方法，至少阅读两遍。如果发现同桌的作文有问题，就请他及时修改。

展示作文

写作的目的当然是交流，交流的方式有很多种。对小学生而言，自己的作文被老师用课件向全班展示是一种交流方式，被老师编辑、排版后在家长微信群里展示是一种交流方式，在教室的"学习园地"固定展出也是一种交流方式……所有的展示，不仅能让优秀作文被更多同学看到，也能让优秀作文的作者被更多同学和老师知道。

第四章

作业可以这样设计与管理

教师是很需要设计思维的。要完成一个单元的教学任务，一般需要两周。低年级两周共四课时，中、高年级两周共六到八课时。学生在这两周里需要完成各项作业。这些作业该如何设计、安排在各个课时里，教师需要根据学情整体考虑。

有的孩子总以"这个我不会""这个书上没有"为由不完成作业，如果家长没有能力辅导孩子的话，这部分孩子的作业情况就会堪忧。长此以往，不仅影响他们的学习成绩，更影响他们的学习态度。

作业设计得合理，不仅能帮助学生更好地掌握基础知识，也能让学生在学习过程中不觉得负担过重，能体验学习的乐趣与成就感，还有利于家长引导孩子自主完成和管理作业。

作业的布置与家庭支持

多年来，我在执教中、高年级的同时，一直兼教低年级，也不断地研究低年级英语作业的布置与家庭支持的问题。

一般情况下，家长对孩子的学习支持情况有三种：没意愿，没能力；有意愿，没能力；有意愿，有能力。第三种家长对孩子的学习支持远远超过教师的想象与预期，不需要教师操心；而另两种家长则需要教师的帮助。

2021 年 2 月 1 日，在"为中国而教"项目的寒假培训课程中，我提出了备课要"备家长"的概念——这是依据我对作业布置与家庭支持的系统思考而提出的。当晚，组织方转给我看了几位教师学员的培训心得，其中一位写道："第一次知道备课要备家长，要体谅家长，要指导家长。我被沈老师深入浅出的授课智慧折服。"很高兴自己启发了学员，更觉得把自己的思考与实践记录下来是件很有意义的事。

提醒家长

教师可能每天在课堂上会告诉学生回家要朗读英语，但是如何读、读多久，可能有的学生记不住要求。我在教一年级的时候每天都给予具体指导。

一年级下学期才开始学习英文字母。整个一年级期间都不要求默写单词。请每天听录音，跟读课文。就算会读了也要听录音，反复听很重要。跟读的时候要用手指着单词与句子。熟能生巧，有的小朋友一看图就会说句子了，但因对单词、句子指读得少，导致认读的时候出现失误。

对于每天读多久，我们可以根据自己的学习情况决定。如果跟着录音朗读，能够读得很好，每天读一两遍即可；如果读得不流利，那么每天读三四遍或者更多遍也可以。

教材后面半本是活动手册。在课堂上完成练习后，回家要朗读活动手册。朗读的时候需要用手指着每张图、每个单词和每个句子读出来。如果看到图片上有 5 个气球，就应该读 "five balloons"，以此类推。

今天回家后请继续拼读单词 dad、bag。不要抄写很多遍。一年级下学期每个单元拼读一个单词，目的不是背诵单词，而是通过拼读单词的方式巩固字母。请口头练习拼读：d-a-d, dad；b-a-g, bag。口头拼读单词对刚学字母的我们来说很重要。

二年级开始有默写单词的要求。有的家长动不动就让孩子在家把要默写的单词抄写很多遍。我会及时告知全班家长："由于孩子年龄还小，指尖力量不够，不要让孩子反复抄写单词，而是应该让孩子多练习口头拼读。"

有的家长总埋怨孩子写字慢。我会反复纠正大部分写字慢的孩子的握笔姿势，并跟几个握笔姿势不正确的孩子的家长多次联系，告知"握笔姿势不对会导致写字格外辛苦，有可能导致将来厌学"，提醒家长在家也要注意孩子的握笔姿势。

指导方法

一般来说，每个孩子学习时都需要经常温故知新，所以每天回家复习是非常有必要的，但不是所有家长都有能力指导孩子复习。

从二年级开始，教材要求学生每单元都要掌握几个单词。除了在课堂上想尽办法指导外，我还会把具体方法打印出来发给学生。

Unit 1 第二课时比较难的单词与词组指导如下（上课的时候讲过）：

behind 分两个音节记忆，前面是 be，后面是 hind。

basket 分两个音节记忆，前面是 bas，后面是 ket。

where is 和 is not 的省略形式，都是省略了元音字母，变成一个撇号。前者省略了 is 里面的 i，后者省略了 not 里面的 o。

Unit 2 第一课时比较难的单词与词组指导如下（上课的时候讲过）：

dinner，第一个音节是 di，第二个音节是含有 er 组合的 nner。要注意有两个 n，加上 er 组合。可以回忆含有 er 组合的 hamster、under。

ready，在单词 read 后面加上一个字母 y，注意 y 要写手写体。

rice，回忆 kite、white、bite、ride、pride 里都有一个 i 和放在最后不发音的字母 e。

broccoli，分三个音节记忆，bro、cco、li。

"What's for dinner?" 整句第一个字母要大写，词与词之间要空一个字母的距离。

每天我给予详细的指导，希望能够帮助学生更科学、更准确地学习。

口语作业的拓展与分层设计

英语作业当然不限于笔头作业。教师应该多布置一些有意思的非笔头作业。所有的作业设计，都要基于单元的教学重点与难点，基于学情，进行适当补充和拓展，让学有余力的学生有更大的进步空间，让学习能力弱的学生有良好的体验感。

从课堂拓展到家庭

小学英语教材的每个单元都有一个主题，围绕这个主题，会编排一首歌曲或者一首儿歌。对低年级学生而言，歌曲和儿歌本身都是非常适合他们的学习资料。我还会另外找寻与单元主题有关的其他歌曲或者儿歌，带领他们在课堂上唱。

一般情况下，一个单元的教学分三课时完成，我用来拓展教学的歌曲或者儿歌，最多在那三节课上有机会让学生唱。他们很感兴趣，但是课堂上留给他们的时间却非常有限，因此我会把歌曲或者儿歌的视频发给家长。有时候歌词里会出现个别生词，我会在课堂上教一下。同时，我意识到仅仅在课堂上教一遍，能够记住的学生不会太多，所以我会把相关拓展内容告诉家长。例如：

> 我上传了用以拓展教学的歌曲，里面的 Math 是 Mathematics 的一种缩写形式，不是错误哦！建议让孩子多听多唱，学会歌曲中另两个表示学科的单词：Science（科学）、History（历史）——课上已经教过。

等到我上该单元第二课时的时候，发现学生普遍对 Science 和 History 掌握良好——基本都能跟唱，甚至有学生在回答 "What subject do you like the most?"（这个句型与教材内容有关，但书上并没有出现，而是通过歌曲拓展的）时，会用歌曲里面出现的 Science 回答 "I like Science the most."。学生通过听、唱的方式，复习巩固了教师拓展的、认为有意义的单词甚至句型。

在平时的作业设计中，我高度重视作业的育人价值，并尝试把作业拓展为亲子活动。

在学习了"Can you?"这个主题单元后，我在课堂上组织小朋友们交流自己的家人擅长做什么，很多小朋友说"不清楚""不确定"。针对这种情况，我设计了下面的作业：

> Miss Shen 很想知道小朋友的家人能够做什么，你能用"My mum / …can cook / …"的句型告诉我吗？（如果你能，你就是在口头说一篇英语小作文啦！）
>
> 题目：My family
>
> 要先打招呼：Hello! I'm…
>
> This is my family.
>
> My mum / …can dig / …
>
> Ha! Ha! I can…
>
> I love my family.
>
> 表达要有顺序。一般情况下从年纪最大的 grandpa、grandma 说起，然后是 dad、mum，也可以加上 uncle 和 aunt，之后是 brother、sister，也可以加上 cousin。
>
> 在英语中，"我"一直是谦虚的！一定要到最后才能讲到自己哦！

这项作业给了孩子们一个更多了解自己家人的契机。他们因此去采访家人，增进了对家人的了解。可能有些家人的特长，需要在爸爸妈妈的帮助下才能获悉。于是这个作业就成了一个有趣的亲子作业，孩子在做作业的过程中巩固了单词与句型。

从读英语升级到说英语

学生在课堂上，从教材出发，学单词、句型、课文，最终目的是能够用学过的单词、句型来表达。因此，我在课堂上不遗余力地做这方面的练习，让他们从读英语升级到说英语。同时我深刻地意识到，应该让他们回家继续练习说英语，其乐趣与意义甚至会超过读课文。

在学习了 subject 这个主题单元后，我利用教材上的图片，设计了这样的口语作业：

请把学过的所有科目 (6 门学科) 排进一天的课程表，并说一说自己喜欢什么学科。

句型 1：We have…and…today.

句型 2：I like… It's…（或者 It's…and…)

如果喜欢两门或者两门以上学科，用句型 3：I like…and… They're…（或者 They are…and…)

练习的时候选句型 1+ 句型 2，或者句型 1+ 句型 3。

Tips：单词 and 前面的学科用升调读，and 后面的最后一个学科用降调读。句子要连起来说，要流利。

孩子们可以按喜好，自己安排一张课程表。这比让他们反复地、机械地背诵课文有趣多了。作业上的 Tips 是为了帮助那些在课堂上说得还可以、但一回家却完全不记得的孩子，这样他们在家里练习的时候，爸爸妈妈就知道如何去帮助他们。

分层设计作业，学生自选内容完成

在完成教学内容的过程中，总有学生跟不上学习进度，也总有学生或者他们的家长担心教师拓展得太少。

英语教师在课堂上进行拓展教学是常有的事儿。比如，拓展教学一些单词、一首儿歌、一本绘本……但一不小心，拓展的教学内容可能就会停留在课堂上——或者说往往停留在教师教的那个环节，与学生真正的学还有点儿距离。

为了打通从教师的教到学生的学的通道，我系统拓展教学内容，设计了分层作业，让学生根据自己的情况，自主选择完成作业。

我从三年级开始在课堂上系统拓展教学《新概念英语青少版学生用书》中的对话，同时利用14学时拓展教学48个国际音标，作为教学内容的补充。拓展的教学内容我会按课时发给家长。因为在课堂上根据教材直接拓展了系统的教学内容——并不是漫无章法地学习各种绘本、歌曲或者儿歌，所以那些焦虑的家长就格外放心，他们会更积极主动地按进度让孩子上传口语作业和书面作业。同时，我不要求学生必须购买《新概念英语青少版学生用书》，配套的练习也是让学生自愿完成的，所以"佛系"的家长也没有意见。

教学多种拓展内容，家长当然很关注孩子对学习内容的掌握情况，他们需要可见的衡量标准。基于此，针对每个单元，我都设计一份口语复习作业，涵盖教材和拓展的内容。每单元学完之后，学生可以自主决定完成部分还是全部的口语复习作业，并自行选择是否发给教师检查。而能否熟练、流利地完成每单元的口语作业，则成为家长可见的标准。

例如，教材三年级上册 Unit 3 的口语复习作业如下：

【一星作业】

作业一：常用对话练习。

如果有人对你说"Hi"，你就回答_____

如果有人对你说"Hello"，你就回答_____

如果有人对你说"Hello, I'm Sam"，你就回答：

① _____（跟 Sam 问好）

② _____（向 Sam 做自我介绍）

如果有人对你说"Good morning"，你就回答_____

如果有人对你说"Good afternoon"，你就回答_____

如果有人对你说"Good evening"，你就回答_____

如果有人对你说"Goodbye"，你就回答_____

如果有人对你说"Good night"，你就回答_____

如果有人问你"What's your name?"，或者"Your name, please?"，你就回答"My name is _____"。

如果有人对你说"Nice to meet you."，你就回答"Nice to meet you, too."。

如果有人对你说"How do you do?"，你就回答"How do you do?"。

如果有人对你说"How are you?"，你就回答"I'm fine, thank you."。

如果有人问你"Are you..."，你就回答：

① Yes...（是的，我是……）

② No...（不，我不是的。我是……）

早上（午饭前），你可以这样跟熟人打招呼_____

下午（午饭后），你可以这样跟熟人打招呼_____

晚上（晚饭后的活动时间），你可以这样跟熟人打招呼

_____

晚上睡觉前，你可以这样跟家人道晚安_____

对初次见面的人，你可以说"Nice to meet you. / How

do you do?"。

作业二：请观察下列缩略形式，思考它们缩略了什么？

I'm = I am   we're = we are

you're = you are   they're = they are

它们都缩略了元音字母_____

he's = he is   she's = she is

it's = it is

what's = what is   that's = that is

它们都缩略了元音字母_____

let's = let us

这里缩略了元音字母_____

【二星作业】

请读一读下面学过的音标，考考自己：最多能有多少种拼读的结果？

/i:/   /i/   /e/   /æ/

/p/   /t/   /k/   /f/   /s/

/b/   /d/   /g/   /v/   /z/

/ɔ:/   /ɒ/   /u:/   /u/   /ɑ:/   /ʌ/   /ɜ:/   /ə/

【三星作业】

请介绍你的好朋友。描述一个人的形容词有很多，比如：tall、short、cute、beautiful、lovely、cool、smart。

学生与家长都觉得这样的口语作业非常有意思。虽然对教师而言，给自己增加了很多工作量，但是看到学生显而易见的进步，以及一些焦虑的家长对英语教学越来越满意，就觉得十分值得。

有些焦虑的家长总希望有人带他们的孩子往前冲，冲得更快更远。"双减"之前，这些家长寄望于校外的培训机构，而现在则寄望于孩子的在校教师。对教师来说，这既是压力，也是动力。教师既要推动那些有能力向前冲的孩子，也必须照顾走得慢、原地打转甚至往后退的孩子——慢慢地陪着他们学习并巩固知识，不能着急。

默写作业的设计与课时分配

教材从一年级下学期开始出现字母，整个一年级期间都不要求默写单词。二年级的学习任务也比较轻松，每单元就默写一次单词，基本上是教材上的，很少涉及词组和句子。

而进入三年级后，教材每单元由七八个版块组成。其中，Story time、Fun time、Cartoon time、Checkout time、Ticking time 这五个版块是固定的，Letter time、Sound time、Song time、Rhyme time、Grammar time、Culture time 这几个版块则是根据不同年段的学习需要而设置的。学生需要默写的词组与句子的数量逐渐增加，虽然大部分集中在 Story time 和 Cartoon time 版块，但也会出现在其他版块。如果教师不集中整理需要掌握或默写的内容，就可能带来一堆问题：每课时都需要抄写生词吗？每课时都需要默写前一天抄写的生词吗？如果讲解配套练习册的第一课时就出现了教材最后一个版块才出现的生词，那么练习要等一单元都教完了再做吗？

如何更高效地安排一个单元的默写作业呢？我会注意以下几点。

提前研究配套练习册，整理默写讲义

一般情况下，英语教材都有一本配套的练习册，作为日常课堂练习或者作业的补充。适度的练习是很有必要的。但是，练习册总会在不同题型里出现若干略有难度的知识点，而这些知识点并没有在本单元中出现。有的出现在前一册教材上，学生遗忘的概率比较大；有的与本单元某个知识点有一定的关联，教师上课时会做相应的拓展。当然也有超越教材的部分知识点。

教师要为学习能力中等甚至比较弱的大多数学生着想，在上课时讲过的知识点，部分学生很有可能来不及消化，而他们的家长则有可能没有能力，或者没有时间在他们回家做练习册的时候辅导他们。

如果每次遇到超越教材的题目，教师都在讲评练习册的时候直接告诉学生答案，或者说"这道题目不用做"，就可能导致好学的学生觉得练习册上有各种未知的"坑"，他们就可能摔倒在一个个坑里，从而产生挫败感。这会滋长部分学生的惰性，他们在练习册上的留白会越来越多——理由是"这个没教过"。面对这种情况，教师甚至无法批评他们不认真完成练习册。

因此，每单元授课之前我都会研究配套练习册，结合教材的课时安排，编制一份讲义，整理词组或者句子，要求学生默写。每单元的讲义都设计成两课时，每课时都包含教材及配套练习册上出现的知识点。所有拓展的内容，都要进入课堂教学，在课堂上讲解。而在安排作业进度的时候，我尤其注意，学生做练习册之前，一定已经默写过讲义上对应的词组或者句子。当学生做练习册的时候，他们就不再经常遇到各种坑，也没有人可以找借口说"这个没教过，所以不会做"。

默写讲义要便于学生复习与校对

每单元的默写讲义我都设计成左边是中文，右边是英文的格式。在需要的时候，在英文下面用小一号的字写上各种提示，帮助学生巩固课堂上讲解过的知识点。例如：

> 喜欢苹果　　like apples
> 喜欢一类事物，like 后面的可数名词要用复数形式。

在每单元教学前，我都会把电子版的默写讲义提前发给家长，便于他们帮孩子准备好——有的将其贴在每单元的书页上，有的将其按顺序整理在文件袋里，有的甚至多打印几份给自己亲戚、朋友家的孩子。很多家长说英文下面的提示很实用。学生回家做配套练习册的时候，如果遇到问题，可以查看该单元默写讲义上的各种提示。有的家长有时间、有精力检查孩子的作业，但又怕自己讲得不够精准，而有了那些提示，他们就再不用担心自己讲错了。

如果第二天要默写，学生在家就可以看着这份讲义自行准备，不需要父母帮助，就完全可以独立完成。他们可以先熟读讲义，遇到觉得难的单词可以在本子上写写。然后把讲义对折，只看着中文在自己本子上默写英文。默写完成后再看着英文，自己校对，有错的订正 4 遍。家长需要做的只是查看孩子是否做完这个准备工作。

每单元第一、第二课时的课堂作业是抄写生词表里的单词，但是当天的作业并不是默写生词表里的单词，而是默写讲义。只有先行完成了讲义的默写，再做配套练习册上的习题，学生才不会遇到障碍。

重视教材上的词汇表，强化学生对重点词的印象

在完成讲义的两次默写后，我会组织学生默写教材词汇表上的内容，以确保他们能够更好地掌握本单元的四会词，这是单元的第三次默写。

适时组织单元默写，阶段性检查学生的掌握情况

默写讲义虽然涵盖了本单元的知识点，但也有非本单元的词汇出现在配套练习册上。为了重点检查学生对单元中出现的词汇与句型的掌握情况，我会另外设计一份单元默写练习纸，里面去除了非本单元中出现的内容，并将一些单词适当地重新组合。比如，教材四年级下册 Unit 4 Drawing in the park 中出现了 hill 和 lake，这两个词都没有在课文的 Story time 版块出现，所以我就组合成一个简单的词组：a hill near the lake。

对于单元默写练习纸，学生和家长都极为重视，因为我会把各单元的默写成绩汇总并据此评选"单词大王奖"。很多学生和家长能接受每单元的前三次默写可以出错，因为他们觉得这三次默写都是在新授过程中。而第四次默写则是复习默写，他们觉得不该再出错。

我会把单元默写练习纸设计成一式两份，一份有答案，一份没有答案。家长根据孩子的具体情况，可以只打印一份有答案的，然后把右边的答案折起来，让孩子看着左边的中文默写；也可以打印一份有答案的和好几份没有答案的，便于孩子多次练习。

学生每单元的第四次默写成绩，我都会做记录。一旦发现有学生连续两次在单元默写中失误较多，就会帮学生及时查找原因，并尽快落实帮扶的办法。

以教材四年级下册 Unit 4 Drawing in the park 为例，四次默写安排

如下。

第一次默写：

（1）在公园里画画　　　　　drawing in the park

动词 +**ing** 是动名词形式，这里
表示在公园里画画这件事。表
示时间、地点的单词一般放在
句子后面

（2）画一些画　　　　　　　draw some pictures

（3）好主意！　　　　　　　Good idea!

（4）你在那边能看见什么？　What can you see over there?

here 表示这里（近处），**there**
表示那里（远处）

over there 比 **there** 更远

over there 表示地点，放在句
子最后

（5）一棵树和一些花　　　　a tree and some flowers

（6）你能画它们吗？　　　　Can you draw **them**?

them 是宾格，动词后面用宾格。
宾格还有 **me**、**us**、**you**、**him**、
her、**it**

（7）当然。它很简单。　　　Sure. It's easy.

（8）它很难，但我可以尝试。It's difficult, but I can try.

（9）这是一条船吗？　　　　Is this a boat?

（10）在河上的小船　　　　the boat **on** the river

这里是"名词 + 地点"，意为
"在……的……"

（11）这些山上的树   the trees on the hill

（12）公园里的一个湖   a lake in the park

（13）一块带着一颗樱桃的蛋糕   a cake with a cherry

（14）一个有着大眼睛的女孩   a girl with big eyes

（15）一个穿着大外套的男人   a man in a big coat

in，表示穿着；a girl in pink，穿着粉色衣服的女孩

第二次默写：

（1）看一看   have a look

（2）它非常有趣。   It's great fun.

这里的 **great**，相当于 **very**

（3）做一个蛋糕   make a cake

（4）干得好！   Well done!

（5）一本简单的书   **an** easy book

easy 是元音开头，前面的不定冠词要用 **an**

easy 的反义词是 **difficult**

（6）在 9 点前   before nine

before 的反义词是 **after**

（7）7 点 50 分   ten to eight

to eight，到 8 点

这里表示还有 10 分钟到 8 点

123

（8）9点50分	ten to ten
	to ten，到 10 点
（9）在公园里的事物	things in the park
（10）在这个大盒子里	in this big box
（11）让我们再试一次。	Let's try again.
	Let's + 动词原形，如 **Let's go**.

第三次默写（教材上的词汇表）：

drawing	boat
park	river
draw	difficult
Good idea!	try
flower	hill
them	lake
easy	again

第四次默写（有答案版）：

（1）在公园里画画	draw in the park
（2）让我们在这里画一些画吧。	Let's draw some pictures here.
（3）好主意！	Good idea!
（4）你在那边能看见什么？	What can you see over there?
（5）我能看见一棵树和一些花。	I can see a tree and some flowers.
（6）你能画它们吗？	Can you draw them?
（7）当然。它很容易。	Sure. It's easy.

（8）这个是树，这些是花。	This is the tree and these are the flowers.
（9）你能看见河上的小船吗？	Can you see the boat on the river?
（10）它很难，但我可以尝试。	It's difficult, but I can try.
（11）做一份沙拉	make a salad
（12）做一个蛋糕	make a cake
（13）这是一条船吗？	Is this a boat?
（14）在这个大盒子里有什么？	What's in this big box?
（15）看一看	have a look
（16）它非常有趣。	It's great fun.
（17）再试一次	try again
（18）9点50分（还有10分钟到10点）	ten to ten
（19）在10点前	before ten
（20）湖边的一座山	a hill near the lake
（21）一只在树上的猴子	a monkey in the tree

作业本可以这样收取

许多英语教师要执教三到四个班级，很多学校班额仍然很大，因此，英语教师的作业批改量是非常惊人的——即便教师愿意给学生减负。

所教班级多、每周总课时多、班级人数多，导致很多英语教师除了上课，几乎所有上班时间都在批改作业，而备课、做课件、写教学反思一般都要到下班后带回家完成。

面对同样的问题，有的教师游刃有余，有的教师焦头烂额。我见过很多英语教师每天下班时除了带教材回家备课外，还带了厚厚的作业本。这样一来，教师的休息时间、陪伴家人的时间均被严重挤占，精神上得不到足够放松，第二天就很难以愉悦、平和的心态面对课堂和学生。长此以往，教师会越来越疲惫，很难享受到职业的愉悦与幸福感。

管理学生的作业本是需要讲究策略的。

每个教师的习惯不同。有的教师习惯请小组长站起来收作业本。如果教师没有明确规定，小组长就可能顺手把自己的本子放在最上面，然后从小组的最后面或者最前面开始收作业本，也可能从离组长位置最近的同学那里开始收作业本，于是，教师收到的各组作业本的排序是不同的。这样教师需要花更多时间核查谁没交作业，谁没完成订正作业。

有没有更便捷的收作业方式？收作业本的时候需要注意什么？

教学生传作业本的口令，便于收取作业本

传作业本的口令，如果从三、四年级开始接班，我只要简单指导，学生就能够快速领会；如果面对的是一年级学生，就会教得更具体。

首先，我要求学生："请大家把作业本打开。"如果是练习册，我就会说明翻到第几页，并且补充："最后一个同学的作业本不用打开。"

然后，示范给学生看："面向教室走廊，用右手搭在后面同学的桌子上，准备传作业本。"这么要求，是因为如果不指导得具体一点儿，一年级学生就会出现各种状况：有的学生整个人转过去趴到后面同学的桌子上；有的学生端坐不动；后面的学生用左手传，前面的学生用右手接……种种情况都会导致年幼的同伴不能很好地对接，甚至把作业本都弄掉地上。

这是传作业本之前的准备工作。刚开始，我会确认所有学生的准备工作都做好了，再组织传作业本。我会先选择一组学生来示范演练。我走到最后一个学生（比如，第 6 座）身边，拿起他的作业本（最后一个学生的作业本不用打开），念口令："往前送。"然后把本子送到第 5 座学生的右手里（这只手已经放在第 6 座学生的桌子上了）。念口令："放进去。"再把第 6 座学生的作业本放进第 5 座学生已经打开的作业本里。接着念口令："合起来。"把合起来的两本作业本传给第 4 座学生的右手——这只手也已经放在第 5 座学生的桌子上了，再依次往前传。我在边上念口令——"往前送""放进去""合起来"。一年级学生觉得有趣，会情不自禁跟我念口令。

一组示范完毕后，我会逐一请各组学生念口令传作业本，每组传的时候我在边上随时指导——刚开始千万不要请所有小组同时开始，一定有学生还不能理解，需要教师指导。

等到第二节课要传作业本的时候，我会再找一个小组示范如何传作业本——帮助大家复习传作业本的规则，然后让其他小组同时传。学生喊口令声会越来越大，"往前送""放进去""合起来""往前送""放进去""合起来"……他们把这个当作有趣的课堂游戏，乐此不疲。

基本上到了第三节课，只要我宣布"准备传作业本"，所有学生都会面向走廊，右手搭在后面一个学生的课桌上。等我再宣布"开始传作业本"，大家就念口令，然后快速地从后往前传作业本。下课后，各排第一座的学生就把作业本交到讲台上了。

而我在批改作业本的时候，批到的每组第一本作业本就是该组第 6 座学生的本子。批好后，他的作业本就在该组作业本的最后。然后批第 5 座学生的作业本，批好后叠放在第 6 座学生的本子上……如果没有学生需要订正，整组本子就按座位号有序叠放，便于下次使用时发放。

给学生留足写作业的时间，便于交齐作业本

对学生而言，来不及完成作业的话，若下课后再做，这绝对是一件可怕的事，意味着休息时间减少。长此以往，学生有可能不喜欢这个教师，不喜欢这个教师所教的课。对教师而言，这意味着作业本很难收齐，很难及时批改并找学生订正。久而久之，甚至会影响教学质量。

所以在课堂上要给学生留足做作业的时间。按正常速度写作业的学生需要 8 分钟完成的作业，可能"作业超人"只需要 5 分钟就能完成，那就得留出 10—12 分钟，以确保"作业困难户"在课堂上完成作业。别怕"作业超人"和写作业速度正常的学生写完作业没事干，可以让他们读课文、背课文。教师在学生写作业的时候，可以提醒："上课时间完成所有作业，下课就可以好好休息。"

除了留出足够多的时间，确保所有学生都能够完成课堂作业外，还要预留一分钟时间收作业本，这是完全可行的。我们班经常收好作业本后下课铃声才响起，然后师生都情绪高昂地互道"再见"。

作业本可以这样发放

对经常执教三四个班级英语课的教师而言，发作业本也是一项大工程，一不留神，就会因此影响正常的课堂教学秩序。

我做过各种尝试，总结出以下注意事项。

尽量不在课间发放

有的教师会在上课前的课间请几个学生发作业本。这样处理，可能出现的问题是：有学生拿到作业本后直接往课桌里或者书包里一塞，要

写作业的时候又到处找；本子被放在 A 同学的课桌边缘，一不小心被经过的 B 同学无意中碰落到地上……到上课写作业的时候，总有学生嚷嚷："我的作业本没发到。"这不仅耽误他自己写作业，有时候还耽误全班同学。比如，听写单词的时候，教室里可能出现的情况是：有学生找不到作业本，有学生帮着找作业本，有学生看热闹，而教师则担心不能准时开始听写。

也有的教师在预备铃声响后请几个学生发作业本。只要教师问"谁来发作业本"， ·定有 ·群学生积极响应（他们中有的人连发言的时候都没有这么积极）。被请到发作业本的学生会很高兴，而没被请到的学生可能会闹别扭（这种情绪甚至会影响他听课）。发作业本的几个学生在教室里来回走动，也许一边喊名字一边找寻某同学的座位，也许有学生不停地追问："我的本子呢？怎么还没发到？"也许有学生的作业本一不小心就被发到别的同学的桌子上，也许有学生多次举手汇报"我没有发到作业本"，从而打断教师的课堂教学。而当教师要求"打开作业本"的时候，也许有学生求助"老师，我没有作业本"，也许有学生好奇"我这里怎么有两本作业本"。总之，教室里乱纷纷。

尽量按小组发放

我总是在上课前把本节课要用的作业本按小组放到各组第一排学生的桌子上——前提是每套作业本都收齐并按座位号整理好。然后在预备铃响起后播放该单元的英语歌曲。在学生看屏幕唱英语歌曲的时间里，我快速地在教室里穿行，提醒并确认所有学生已经把英语书放在课桌上。等到音乐停止，上课铃声响起的时候，所有学生的桌面上都已经放好英语书，当堂要使用的作业本都预备到位。第一排的学生已经养成习惯，我没发布指令，他们就不会去动本子。

当课堂上要用到默写本的时候，我会发指令："现在传默写本。"各组就依次往后传作业本。因为每个学生被传到本组作业本的时候，自己的作业本就在最上面，不用再翻找，所以有的学生根本不用细看名字，就能确认作业本是自己的。基本上半分钟之内就能把作业本全部传好。对一年级学生，一开始我会教得很具体，"你的本子在最上面，拿走最上面的本子就好。剩下的不管是四本还是五本，你只能传一次，不能分四次或者五次传"，并随时指导。

如果一节课既需要用到默写本，又需要用到抄写本，我就不会同时发放两套本子。即使两套本子上各有一个大大的数字章"1"和"2"，但因封面相同，学生就会一再出现在抄写本上默写或者在默写本上抄写这样的问题。等到教师要求学生重写时，学生会觉得这是负担，对教师而言这又何尝不是负担。所以，如果课堂步骤是先默写后抄写，那么我就先组织传默写本。等大家都默写完成，各组默写本都传到第一座学生的桌子上后，我再发布指令："现在开始传抄写本。"这样就能保证不会再有学生用错本子写作业。

传作业本的指令要精准

如果教师随口说："看哪一组先传好？"那么，每间教室里一定有很多学生好奇地扭过身子去确认到底哪个小组先把作业本传好。不等结果出来，他们是没有办法集中注意力做下一件事情的。即便结果出来了，他们还会忙着跟教师汇报，跟同学争论，到底哪一组是第一名。这个时候，教室里大概率会乱成一片，有的教师也许会忍不住生气，却没想到是自己造成的。

这时，教师一定要先反思，找寻自己的问题，探究解决之道，而不是一味指责学生不遵守纪律。如果教师的指令精准，上述混乱情况就完全可以避免。

如果是传抄写本，我就会发布一条很简单的指令："请大家拿到抄写本后开始写课题，我会表扬先写好课题的同学。"学生会快速写课题。我一边检查，一边点名表扬。如果是传练习册，我就会发布指令："我来观察谁最先翻到第 28 页，完成后请举手。"然后逐一表扬学生。

同样的精准指令也出现在每次传递课堂练习纸的时候。我从不说"看哪一组先传好练习纸"，而是说"看谁先在练习纸上写好班级、姓名和学号"。所以，我的课堂上学生总能又快又安静地进入答题状态。

作业本可以这样管理

不同年级的作业本安排不同。一般低年级有抄写本、默写本和教材配套练习册，而中、高年级则多一套作文本。中、高年级抄写、默写的次数都比低年级多，教材配套练习册的页码也多，难度也在增加。

一节英语课，有时候会使用三套作业本：默写本（默写前一天的教学内容）、抄写本（抄写当天的内容）和练习册（前一天的作业，需要讲评）。英语教师该如何批改多个班级的所有作业，并确保无一缺漏呢？

同桌互查抄写本，减少订正工作

如何让学生抄写时少出错？除了在教学时指导单词拼写要到位，还要教给学生抄写的方法。

从三年级开始，我把每单元的生词集中在第一、第二课时教学。第一课时以教学 Story time 版块为主，第二课时以教学 Cartoon time 版块为主。因为各单元需要四会掌握的生词基本集中在这两个版块，我会把散落在其他版块的生词也集中在这两个课时教学，后面的两三个课时里就可以复现这些单词，不断操练与巩固。

在每单元的第一、第二课时，我都会留出足够的时间让学生抄写生词——每个单词（词组）抄写四遍。除了在新授单词时指导如何拼写外，在抄写的时候，我会再次指导学生："我们在抄写单词的时候，可以试试：第一遍照着老师的范写抄写，第二遍到第四遍试着默写。默不出的地方再看老师的范写，或者看自己第一遍抄写的。这样就能保证你抄写的速度比较快，同时也是在巩固单词拼写。"

有的学生只要看一眼老师的范写，就能完成四遍抄写。但有的学生暂时记不住，比如抄单词 difficult，就会老老实实地抬头 9 次，才能够抄完。一不小心，还会漏写字母。这种学生就需要教师大力指导：

> difficult 这个单词，是分三个音节读的。抄写的时候，我们可以分三个部分来抄写：第一个音节是 di，第二个音节是 ffi，第三个音节是 cult。抄写时最多看三次，抄写速度才会快。大家可以一边在心里默读单词一边抄写，这样可能等抄完你都能默写了。

这样的抄写指导，便于学生巩固单词，让他们在新授课上就对生词有较为深刻的印象，这对他们当天回家后默写相关词组有很大的帮助。

有些英语教师跨年级授课，工作量很大。如果不想办法，那么作业批改就可能会跟不上课时进度。比如，某天我要给三个班上单元第一课时，但到放学的时候我还没来得及批改好他们的抄写本，也来不及找学生订正，这就带来一个隐患——他们当天回家默写的时候，有可能重复出现抄写本上的错误。

因此，课堂上我都会留出一两分钟，让同桌互查抄写本。如果发现有错，就请对方立即修改。他们会努力找出同桌书写格式不规范，或者少抄词语等各种错误，并督促对方改正、补充。检查他人的作业，对学生来说，其实也是一次复习巩固。

每次下课铃响前，学生的抄写本都已经从后往前传到各组第一个学生的课桌上。我一般不把抄写本带回办公室批改，而是就用课间十分钟站在教室的走廊里批改。

为落实同桌互查抄写本的任务，教师可以及时进行一些反馈。我会在下次抄写前找出一对同桌，其中学生 A 的抄写本有错，他的同桌 B 的抄写本全对。我会事先跟他们交流，确认 A 曾指出过 B 作业本上的错误并督促他订正，但是 B 没有指出 A 的错误。因此，我会在课堂上表扬并感谢 A 同学，表扬他的尽责，感谢他为同桌及时指出错误，帮助同桌更好地巩固新知识。这样的表扬与感谢，会感染很多学生。接下来的互查工作，他们就会更加认真与仔细。

及时反馈默写情况，便于学生积累学习资料

以前常有家长问："老师，我孩子的英语学习情况如何？"但最近几年，再也没有家长来问我这个问题了。

他们不问，是因为我及时地向家长反馈了孩子的学习情况。比如，每次默写内容我都会提前告知孩子与家长，默写后当天孩子会把默写本带回家。我还会在"家校通知"里提醒家长及时查看孩子的默写本，并督促孩子把写错的单词再巩固一下。每单元最后一次默写时，我都记录每个孩子的默写情况，然后告知家长，本次默写全对几人，错一两个几人，错三四个几人，错五个及以上几人。这样家长就知道孩子的掌握情况及其在班级中处于什么水平。

同时，我还建议家长辅导孩子时整理专门的"错词本"——把每次默写出错的单词整理出来，以后重点复习。我提醒家长，不用让孩子重复抄写，只要重点巩固曾经默写出错的单词即可。

"两轮批改"练习册，将结果及时反馈给家长

低年级教材配套的练习册，题量小，题型大多是连线、画圈等，批改起来很容易。但到了中、高年级，每次批改练习册就成为一个非常耗时的任务。

有没有更高效的批改方式呢？我试行了几年的"两轮批改"效果较好。"两轮批改"分两种情况。

第一种情况是我有充裕的时间"先批再讲"，可以在上课讲评前完成批改工作。每一小题如果有错，我就把这道题目的序号用红笔圈一下，然后在该页下面标注"-0"或者"-3"这样的数字，这意味着这页全对或者错了3处。如果发现当页错误极多，就要及时跟孩子交流，及时告知家长。同时，也会时不时提醒家长查看孩子的练习册，关注孩子做题的正确率。

在讲评的时候，学生能轻易地发现自己出错的地方，然后把错误的答案擦掉，改成正确的。每一页讲评结束，同桌互相批改、订正——用铅笔打小小的钩。这是预防有的学生不及时订正，或者漏了需要订正的地方。讲评结束后，我再把练习册收起来批改学生的订正情况。一般需要我再找过来二次订正的人数就不多了。

第二种情况是上午第一或第二节就有课，来不及全部批改完前一天晚上学生带回家完成的练习册，我就只能"未批先讲"。这种情况很少。

在这种情况下讲评练习册，我会请同桌交换练习册。大家一边听我讲评，一边用铅笔给同桌的练习册逐一批改。对的打一个钩，错的打一个叉。无论打钩与打叉，我都要求"小小的"，而且在屏幕上做示范，告诉他们，打得太大不礼貌。每一大题讲评完成，如果全对，请在边上标注"-0"；如果错1处，标注"-1"。以此类推。完成了一页练习册的讲评与批改后，同桌两人把练习册交换回来，各自擦掉错误答案，立即订正。订正的时候不要擦掉铅笔标注的各种数字。

然后以同样的方式进行下一页讲评，同桌批改与各自订正。

讲评全部结束后，收齐练习册，我会回办公室批改。批改时，我能看到学生各大题的正确率，因为有同桌标注的减分情况。如果我用红笔批改下来一页全对，我就在该页下方用红笔标注"-0"；如果该页错两小题，我就在该页下方标注"-2"。

凡是讲评后孩子仍然有错的地方，我都会及时记录、整理，准备下节课需要重点讲评的内容。然后通过家校联系平台，发给家长。当孩子把练习册带回家后，家长通过不同笔迹的数字标注，可以清晰分辨出孩子答题时错了多少，老师讲评过后又错了多少，也可以知道该单元的哪个单词、哪个知识点孩子仍然需要巩固。

批改完整班的练习册后，我会及时找到仍然出错的学生二次订正。

"两轮批改"不仅提高了教师批改作业的效率，也保证了学生的课间休息时间——不用反复被教师叫去订正作业。

第五章

如何实施过程性评价与
培养文化意识

《义务教育英语课程标准（2022 年版）》十分注重"教—学—评"一体化设计，并指出，"坚持以评促学、以评促教，将评价贯穿英语课程教与学的全过程。注重发挥学生的主观能动性，引导学生成为各类评价活动的设计者、参与者和合作者，自觉运用评价结果改进学习"。

可见，过程性评价在英语课程的教学过程中意义重大。教师要改变过去用期末卷一次性、终结性地评价学生学习结果的观念与方式，而要在整个教学过程中采用多种评价方式，让学生学会自我评价，并根据评价结果调整自己的学习方式。

教材从三年级开始，每单元结束部分有一个 Ticking time 版块。比如，六年级下册 Unit 4 Road safety 的 Ticking time 如表 5.1 所示：

表 5.1　Ticking time 版块

Ticking time	★★★	★★	★
I know what I must and must not do on the road.			
I can use "must" and "must not".			
I know that I need to read some words in a sentence more loudly.			

在结束该单元的教学前，教师可以组织学生根据自己的学习情况，给自己做出评价。这是非常直观的、便于学生自我操作的过程性评价。在学生自我评价后，教师可以根据评价结果进行知识点的查漏补缺。

这是一单元一次的评价。类似这样的过程性评价，除了教材设定的版块外，教师在平时的教学中，还可以不断创设评价方式。

关注对个体英语学习的过程性评价

我曾在低年级课堂上尝试用过"大苹果""小红花"等贴纸奖励举手发言的学生，也曾采用分组竞赛的形式组织教学，寄望于通过这些方式吸引学生参与到各种教学活动中来。

但很快就出现了问题。因为学生年幼，他们在课堂上把关注点集中在"×××的大苹果、小红花比我多""我这次发言了，老师却没有给我贴大苹果"上。这些都与学科知识无关，却让他们感到兴奋或者沮丧。小组竞赛时最容易出现各种纷争，有的学生在课堂上直接抱怨："我们组举手了，老师却没请我们发言。"

在这样的课堂上，教师一边要组织知识教学，一边要留意奖励是否及时发放、竞赛结果是否及时记录并呈现，甚至还要帮助部分学生缓解沮丧或者愤怒的情绪。各种形式的小组竞赛，都会降低学生个体的存在感，教师有可能因此减少对学生个体的关注。更糟糕的是，这在无形中将学生对知识的渴望物化为获得"大苹果""小红花"或者各种竞赛积分。于是，他们在今后的学习过程中一旦不再有"大苹果"和"小红花"或积分奖励，就可能难以保持学习的热情和动力。

我很快取消了这样的奖励与竞赛。正如《义务教育英语课程标准（2022年版）》指出的，教师要"科学运用评价手段与结果，针对学生学习表现及时提供反馈与帮助，反思教学行为和效果，教学相长"。

课堂上的评价，可以成为学生的行为规范

我从低年级就开始阐明课堂规则：眼睛看老师或者黑板（屏幕），

手放桌子上不玩学习用品，想发言要先举手。规则是需要复习的。在我新接手的班级，第一个月几乎每天都要帮助学生复习这些课堂规则。同时，"你真是一个会听课的小朋友""今天的你真是会听课"成了我常用的评价语。

这样简单而具体的课堂评价，渐渐成为学生印象深刻的课堂行为规范。有时学生可能因为淘气等违反规则，但内心仍能意识到自己的行为是错的，是需要调整的。而且这些规则始终表达的是教师对学生个体的关注。学生不需要考虑"我们组"的竞赛结果，只需要审视自己是否遵守了课堂规则。

课堂上的评价，可以管控纪律

当基本的课堂规则内化成学生的行为准则后，就可以组织与之相关的各种教学活动。比如，当低年级的课堂气氛过于活跃或课堂纪律一时失控的时候，我常常这样组织教学："下面我要请最会听课的五个同学来读这个单词，比一比，谁读得最标准。"话音刚落，再淘气的学生也能消停，并且坐端正，希望自己被邀请朗读单词——这意味着自己是"最会听课的五个同学"中的一个。一般情况下，我会趁机再次邀请"也很会听课的五个同学"继续朗读单词，并及时点评他们的朗读情况。

邀请"会听课"的同学朗读，比没有温度的呵斥更能够帮助学生复习课堂规则，而且被邀请就意味着"会听课"，这样更能激励学生。

课堂上的评价，可以生动、风趣

教师要注意友善提醒学生，表扬、赞美的话不要太夸张，态度尽量温和。

低年级学生在课堂上很难持久保持注意力，没多久就出现坐姿千奇百怪的情况。坐得不端正不是重点，重点是他们会把手塞进桌肚里玩。他们玩各种学习用品甚至橡皮屑的时候，自然不能好好听课。一般情况下，如果个别学生做出这种行为，我就一边讲课一边走过去摸摸他的脑袋；如果三个以上甚至更多学生出现这种情况，我基本上会按卜"暂停键"，笑眯眯地表示惊讶："呀！有几个小朋友的手不见了。应该放在桌子上的手，怎么消失了呢？我得赶紧来找一找大家的小手，看看有几个小朋友的小手不见了。"然后开始数数。不认真听课的学生不会被训斥，认真听课的学生不会被吓到，大家都觉得这好像是一个小游戏，都笑眯眯的。一般我数到"三"的时候，学生都能把手放到桌子上，继续听课。

我没有直接批评，但那些学生收到了我的提醒，并且及时调整了自己的行为。如果教师此刻大喝一声"坐端正""认真听课"，更多的是发泄教师的情绪，并没有具体地帮学生复习课堂规则。

高年级学生为了追求做作业的速度，个别学生的书写就越来越成问题。"字写这么难看""给我重写"这样的批评与要求很难让学生真正自省。

有一次，我巡视五年级学生的课堂抄写本，对着 L 同学的字迹叹气："你写的这些字母真是面黄肌瘦、营养不良。我给你看一下 H 同学写的字母。他写的每一个字母看起来都是雍容华贵、精神抖擞。"然后顺手把 H 同学的作业本用课件展示，并对 L 同学说："建议你每次书写的时候，都回忆一下 H 同学的雍容华贵版字母哦！" L 同学羞报地笑了。

"你写作业总是不认真"是批评学生的学习态度，"把字写端正"是对学生提出要求。"你写的这些字母真是面黄肌瘦"，H 同学写的字母"雍容华贵"则是温和而友好的评价，教师可以用评价帮助学生去调整自己的书写行为。

课堂上的评价内容可以丰富一点儿。教师应尽量全方位地对学生的课堂行为、学习方式和学习表现做出及时而准确的评价。课堂上的评价要更多地关注学生个体，关注学生对当堂所学知识的掌握情况，也要关注学生对学习活动和学习内容的兴趣、学生参与语言活动的积极性。

课堂上的评价可以仅仅是语言。评价语言要充满善意——即便在批评学生行为的时候。只有这样，教师的评价才可能成为学生调整自己行为的动力与标准。

及时调整过程性评价奖励规则

一般来说，过程性评价是一种在课程实施过程中对学生的学习进行评价的方式。我在教学中会采取结果与过程并重的评价方式，会针对不同年级，不断设置、调整过程性评价规则，从而保持对学生的学习效果以及与学习密切相关的非智力因素进行全面评价。

如果家长和学生本人想知道最近的学习情况如何，从默写本上就能知道过程性学习成果。围绕学生的默写成绩，我设置了"单词大王奖"，旨在督促学生整个学期对默写保持重视。

这个规则在日常实施中一再调整。

我从二年级开始每单元都组织单词默写。因为单词比较少，一单元就默写一次，一学期共 8 次。根据低年级学生对奖状格外期待的心理，我设立了"单词大王奖"，规则也在第一次默写前就宣布：如果一学期8 次默写全对，就能获奖，有奖状和奖品，获奖照片会发到家长微信群里。

在默写前几天，我会跟学生说："你想得到这个奖吗？""你昨晚在家练习过吗？有没有遇到比较难的单词？""你已经连续两次全对了，第三次默写要挺住哦！"……每次默写刚完成，课后就不停有学生追问："老师，默写本你批改好了吗？""老师，我今天的默写是不是全对啊？"每次批改好默写本后，我都会逐一记录学生的成绩，并告知其家长。

但是全对才能获奖的规则在默写到第三单元的时候，因为L同学的眼泪而被我主动修改了，或者说是补充、完善了。L同学连续两个单元默写全对，但是第三单元他错了一个，当时他就崩溃痛哭。

作为教师，我要全面地去看待学生的行为，不能把他这样的痛哭行为简单地判定为抗挫能力弱，而要意识到，如果他没有上进心，就不会难过成那样。

一学期全对的规则与保护他们的上进心，哪个更重要？作为教师，我可以怎样调整规则？这是L同学带给我的反思。

学生以后走上社会，一定会遇到更严苛的各种规则。在学生成长的过程中，为了保护他们的上进心，是不是可以对一些规则做出调整呢？如果一个学生一开始就默写错了一个单词，他就再也无缘期末的"单词大王奖"，这会不会导致他从此不在意默写成绩，进而伤害到他的学习积极性呢？

于是，我立刻调整规则，如果一学期单词默写全对，期末就可以获得特等奖。如果错一个、两个、三个，分别可以获得一等奖、二等奖、三等奖。"小朋友们如果全对，要保持哦！如果现在错一个，也别气馁，只要接下来不出错，你就可以获得一等奖，也会获得老师发的奖状和奖品。"

二年级两个学期的期末，L同学都获得了一等奖。他不知道，正是他的痛哭令我改变了规则，让我执教的两个班获奖学生每班都达到近30人。我得多买奖状、奖品（奖品是刻着学生名字的直尺），得写奖状上的名字……是的，我多花了时间、精力，甚至多花了买奖品的钱。

当然他也不知道，他的痛哭让我执教的两个班的更多学生更加重视英语学习过程，甚至提升了学习兴趣。

没想到"单词大王奖"因为L的眼泪在三年级的时候再次被修改。

在三年级第二单元的第一次默写时，L同学错了一个，他又放声大哭。他的痛哭又催发我反省：三年级开始每单元默写四次，一个学期八个单元，共默写 32 次。一学期默写全对（或者只错三个），究竟有多少学生能达到这个标准？如果标准是很少人能达到的，是否具备激励意义？我需要怎样调整这样的标准？

反思之后，我快速宣布了三年级"单词大王奖"的评选规则——只看每单元的第四次默写成绩。如果每单元的第四次默写全对，就能获得特等奖；如果第四次默写错一个，就能获得一等奖；错两个，就能获得二等奖；错三个，就能获得三等奖。

我问："谁知道为什么只看每单元的第四次默写？"马上有聪明的学生反应过来，答："因为那是每个单元的复习默写。"

"对了！如果你每个单元的前三次默写有错误，没有关系，因为大家还在学习，不影响你获奖。只要你把写错的改正过来，在第四次复习默写的时候写正确，你就真正掌握了这个单词，也就有机会获奖。"

我记录了学习过程中默写有问题的学生名单。这份名单更直观地呈现了学生过程性学习的情况，便于我及时辅导、帮助那些在学习过程中有困难的学生。

每学期期末，我都会给所教的两个班甚至三个班的学生颁奖，然后把获奖名单发给家长，并和所有获奖学生合影留念。这样简单而郑重的颁奖仪式，是教师对所有学生的公开评价，学生可以据此反思自己哪些学习方法需要调整。

教室里的奖励规则，应该要起到督促学生更好地去复习、巩固知识的作用。如果某个规则让好学、上进心强的学生过分焦虑，教师就该意识到要及时调整它。

强化过程性评价

教师可以通过过程性评价对学生的学习质量做出判断——肯定成

绩，找出问题，从而促进学生积极反思学习过程，更好地把握学习的方式和方法。

我在日常教学中，不断增加过程性评价的项目，强化过程性评价。

"学期全优奖"

教完每单元后，我会设计一份简单的课堂作业，并用"优秀""良好""合格""待合格"及时记录每个学生的成绩。同时告知学生和家长规则：一个学期八次课堂作业都获得"优秀"，将获得"学期全优奖"。

这个奖的颁发时间刚巧在期末复习之前。颁奖仪式同样简单而郑重：有证书、奖品，把获奖名单发到家长微信群，老师和获奖的学生合影留念并将照片发送给家长。这样做有鼓舞士气的作用，能督促全班学生认真开始期末复习。

"英文三字经优秀奖"

为帮助学生初步掌握自然拼读的方法，在二年级的时候，我在课堂上利用《英文三字经：林克妈妈的少儿英语学习法》进行自然拼读教学。我会结合教材进度进行教学，然后做拼读指导。每教一课，就在随后的第二课时复习并组织默写。默写的时候我会降低难度，每个单词都是我拼读音标，学生听着我的拼读默写。

从二年级开始，每完成一个单元的学习，我就设计一份单元作业（如表 5.2 所示），供学生在家复习。同时抽时间组织学生在校完成相应的课堂练习。

表 5.2　第一单元作业

	每课儿歌（要掌握的）		每课例词 （提高级别）
Lesson 1	我家_____（爸爸） 脾气_____（真坏） 让我_____（伤心）	有只_____（猫） 非常_____（肥胖的） 专吃_____（老鼠）	_____书包 _____在…… _____帽子 _____地图
Lesson 2	放下_____（盘子） 赶到_____（大门） 已经_____（迟到）	清晨_____（醒来） 来到_____（湖） 钓上_____（蛇）	_____蛋糕 _____名字 _____游戏 _____飞机
Lesson 3	撒下_____（网） 鱼没_____（得到） 衣服_____（弄湿）	为捉_____（害虫） 从不_____（休息） 本领_____（最棒）	_____床 _____鸡蛋 _____十 _____红色的
Lesson 4	一只_____（猪） 非常_____（大的） 把洞_____（挖）	没给_____（小费） 把我_____（嘴唇） 装上_____（拉链）	_____它 _____小孩 _____粉色的
Lesson 5	一只_____（风筝） 颜色_____（白色） 被狗_____（咬）	学会_____（骑） 妈妈_____（骄傲）	_____自行车 _____冰 _____好的 _____时间
Lesson 6	清晨_____（慢跑） 带上_____（狗） 踩到_____（青蛙）	轻轻_____（跳） 跳上_____（顶部） 唱起_____（流行歌曲）	_____拖地 _____点头
Lesson 7	把眼_____（闭上） 用我_____（鼻子） 去闻_____（玫瑰）	喝着_____（可乐） 听着_____（笑话） 把腰_____（折断）	_____家 _____骨头 _____笔记 _____洞

	每课儿歌（要掌握的）		每课例词（提高级别）
Lesson 8	举着＿＿＿＿（枪） 瞄准＿＿＿＿（太阳） 不停＿＿＿＿（跑）	小小＿＿＿＿（虫） 把我＿＿＿＿（拥抱）	＿＿＿＿公共汽车 ＿＿＿＿我们 ＿＿＿＿杯子 ＿＿＿＿跳
Lesson 9	找个＿＿＿＿（借口） 借车＿＿＿＿（使用） 遭到＿＿＿＿（拒绝）	假装＿＿＿＿（沉默的） 真是＿＿＿＿（可爱的）	＿＿＿＿曲调 ＿＿＿＿立方体 ＿＿＿＿保险丝

　　每单元一次的颁奖仪式，极大地鼓励了学生学习拼读。部分学生为了获奖，会更认真听课，也会回家要求父母陪伴、支持自己复习。

"新概念英语之星奖"

　　三年级上册教材是江苏省零起点统一教材。这本教材对苏州学生而言相对比较简单，因为他们已经学习了两年英语，很多内容在一、二年级的时候都学过，因此需要进行一定程度的拓展。

　　在此前提下，我精心准备了拓展教学内容。我在三年级上学期的课堂上组织学生学习《新概念英语青少版学生用书1A》第1到第8单元的对话，作为教学内容的补充。在三年级下学期，则完成这本书第9到第15单元的对话教学。就这样，用一学年的时间完成了全书的对话教学。在随后的四年级，则完成了《新概念英语青少版学生用书1B》的对话教学，并计划在之后的五、六年级依次完成《新概念英语青少版学生用书2A》和《新概念英语青少版学生用书2B》的对话教学。

　　在完成以上图书每个单元的学习任务后，我鼓励学生朗读或背诵对话部分并把音频文件发给我听。凡是一学期坚持每次都发给我朗读或背诵音频文件的，就能获得"新概念英语之星奖"。因为要求不高，所以几乎全员参与。在期末前我会核对文件，同时会收到好几份申请："老师，再给我几天时间，我还缺一次朗读。"这样的申请，体现了学生的学习积极性。

"高频词儿歌奖"

英语中的高频词非常重要，学生对高频词掌握得越好，阅读时就会越顺畅。根据学生喜欢儿歌的特点，我开始教学类似 *I See* 这样的高频词儿歌：

I See

I see a fat cat,

I see a dog,

I see a big pig,

Standing on a log!

考虑到学生的词汇量，我从三年级上学期开始，根据教学内容选择相匹配的儿歌在课堂上进行高频词儿歌教学。每次在课上教完一首儿歌，我就会把这首儿歌的电子稿发给家长。

我建议学生，每学完一首儿歌，就可以把这首儿歌的电子稿打印出来，再画上插图。等把所有儿歌都学完，他们每人就拥有一本独一无二的儿歌书了。

学生兴趣盎然。他们积极诵读高频词儿歌，通过儿歌认识了很多高频词。同时，及时装饰儿歌书，还经常展示给我看，或者同学之间互相展示。在学习 40 首高频词儿歌的过程中，我时不时请学生在课堂上诵读他们最喜欢的英文儿歌，或者展示他们的儿歌书，并根据展示情况，及时颁发"高频词儿歌奖"。

"百词竞赛"

在学习的不同阶段，适当组织一些竞赛，在某种意义上是给学生一个调整的机会。

从三年级开始，每学期在八个单元默写结束后，除颁发"单词大王奖"之外，我会组织一次"百词竞赛"。名为"竞赛"，实则为一次复习巩固。我把打印好的含答案的竞赛纸发给每个学生，给他们充足的时间去准备。然后在课堂上发给他们不含答案的竞赛纸，请他们当堂完成。我会及时批改，并按成绩设置奖项，颁奖。这样的竞赛活动能很好地促进他们复习巩固单词。

师生同题作品展

对每学期开学第一课，我总是格外慎重，想让孩子们在开学第一天有更好的体验，也想带他们做好新学期的准备。

在四年级的开学第一课，我出示了绘本《准备好了》，先带领学生一起阅读绘本，读完后讨论绘本："What are they getting ready for?"，大家回答"They're getting ready for playing tennis."。我再问每个学生"Are you getting ready for the new term?"。

最后，我出示作品纸。因为它与常见的作业纸不同，我说："这不是作业，而是送给你们的作品纸。希望明天能够收到你们美观的作品，我会择优展览。"

我告诉学生，这份作业的意义是，我想了解大家对新学期的准备情况。作业要求是，模仿绘本的句型，写下自己为新学期所做的各种准备，并适度美化作品纸。课后一个学生问我："沈老师，您作为教师为新学期做了哪些准备？"我由此产生灵感，同步完成了这份作业——不擅长绘画的我用软件完成了作品。

第二天，我在课上用投影仪展示了学生的优秀作品，对每份作品都给予具体的点评与赞美，然后用课件呈现了我的作品。师生同题作品展，能让师生彼此增进了解，意义非凡。

绘本朗读会

有些家长可能没有足够的辅导能力和足够的资源，而学校里有完成教材教学任务的要求，受时间限制，教师在课堂上能做的拓展非常有限。

于是，我向家长推荐了一些图书馆网站和微信公众号里推出的英文有声绘本。不管是精读绘本还是泛读绘本，一般都含有绘本阅读（配录音）和跟读训练（可以一句一句跟读）。建议学生分年级阅读。

每个学期，我都留一节课给学生举办绘本朗读会。请大家挑选自己最喜欢的绘本，在课堂上给同学们读一读。每次的绘本朗读会都是学生非常期待的活动，他们会因此而认真练习。

《义务教育英语课程标准（2022年版）》指出："坚持形成性评价与终结性评价相结合，逐步建立主体多元、方式多样、素养导向的英语课程评价体系。"总之，评价不等于考试，不考试不等于不评价。教师要理解和掌握评价的方法，更好地帮助学生发展语言能力，提高学习能力。

在比较与判断中，感知文化的多样性

在工作中时常有年轻教师咨询："这个单元的情感教育目标应该定

为什么？"这是一个好现象，证明这些教师意识到了在英语课程中，不能仅仅发展学生的语言能力。

有的教师在课堂上出示了一两句英文谚语，表示自己进行了情感教育，这当然是不够的。

有教师问我："现在一节课的教学目标该怎样表述？怎样才能体现核心素养的要求？"这是非常好的问题。在英语课程中，要培养的学生核心素养包含语言能力、文化意识、思维品质和学习能力等。教材可以明确地指出语言能力的培养目标与要求，至于培养学生的文化意识、思维品质和学习能力，则需要教师根据教材潜心思考，精心设计，逐步引导。

英语教师要给自己正确的定位：首先是教育工作者，其次才是英语教师。这样，在提高学生语言能力的同时，如何培养与落实学生的其他核心素养，就应该成为教师非常重要的思考与探究的方向。

我在平时的教学中非常注重对学生进行文化意识方面的培养。

《义务教育英语课程标准（2022 年版）》指出："文化意识指对中外文化的理解和对优秀文化的鉴赏，是学生在新时代表现出的跨文化认知、态度和行为选择。"因此，学生要"学习和感知人际交往中英语独特的表达方式"，要"体现出礼貌、得体与友善"。教师在平时的教学中应该有意识、有梯度地培养学生的文化意识，让学生在比较与判断中，感知文化的多样性。

在教学到 Good night 的时候，我告诉学生，在说英语的国家，睡觉前和家人道晚安是家庭成员之间常见的表达，可以增进家庭成员之间的感情，是表达爱的方式，我们也可以尝试这样表达——睡前可以跟家人道晚安，也可以跟自己心爱的玩具道晚安。我还布置了一项作业——请学生录一个小视频，依次跟家人和心爱的玩具道晚安，可以说 Good night，也可以说"晚安"，还可以建议家人回应，中英文皆可。

在教学到小朋友跟父母要水果，拿到后及时说 Thank you 的时候，我告诉学生，家人之间互相道谢是应该的，不仅仅需要对外人道谢。当家人给我们买了东西、为我们做事的时候，我们不要觉得这都是家人应该做的，要及时道谢，让家人感觉到自己的付出是有意义的。同样，你为家人做了什么事情，如果能得到及时感谢，你也会觉得很开心。所以，大家争取从今以后养成好习惯，经常向家人表示感谢，既可以用中文说，也可以用英文说。在课堂上我请学生交流他们在什么场景下跟家人道谢了。

在教学 Happy New Year! 这一单元时，教材上的叔叔给小朋友递送礼物的时候都是用双手交接的。我请学生思考：收礼物的小朋友也张开了双手，你觉得他会用单手接收礼物还是用双手接收礼物？他们为什么都用双手递送、接收礼物？是因为礼物很重吗？在学生讨论完后，我告诉他们用双手递送、接收礼物是一种礼貌行为。相信这种观念能够逐渐植入学生心头。

在教学关于衣物的单词的时候，教材上的背景是孩子们穿了大人或者好朋友的衣物，戴着面具去化装舞会。在教学 Cinderella 这一单元的时候，有 Cinderella 去参加舞会的背景。Birthdays 这一单元有关于生日聚会的描述。因此，我帮助学生了解外国流行的聚会文化：birthday party，dinner party，picnic party，holiday party，New Year's party，welcome party，farewell party 等。这是他们表达庆祝或者友谊的一种方式。一般大家都会带一份礼物参加这种聚会，但是礼物不会特别贵重，主人会现场打开礼物，表示很喜欢这份礼物。我们中国人也会在特殊的节日聚会。中国有传统的祭祀文化、祝寿文化、嫁娶文化、庙会文化等，有元宵灯会、清明踏春、端午赛龙舟、重阳登高、春节家人团聚等形式多样的庆祝活动，亲朋好友一般也会带礼物来，但是中国人普遍会很客气地推辞："您不用破费。"这就是东西方文化之间的差异。

在教学 Asking the way 这一单元的时候，教材上出现了 turn right、turn left 两个词组。教师可以顺便讲一下交通规则。在世界上大多数国家，行人靠右行走，汽车靠右行驶。但有少数国家或地区的汽车驾驶位在右边，他们会靠左行驶。所以大家在出国之前，要提前查一下当地的交通规则。

在教学购物这个版块的时候，我出示了不同的 Shopping list 并向学生说明：为了高效购物，可以提前列好清单，每完成一项可以及时标注，这样既省时间又能避免出现超出预期的花费。然后，可以借此出示各种规划表，比如，读书规划表、锻炼规划表、作业规划表等，以培养学生制定规划表的意识，让他们学习时间管理和任务管理，学做各种规划表。

在调适与沟通中，培育跨文化交流的素养

在平时的各种调适与沟通中，教师要注意在课堂上培养学生的文化意识，让学生积淀人文精神，渐渐成长为有素养和社会责任感的人。

在平常教学时，如果当天刚巧临近或者就是说英语的国家的一个节日，教师就可以带学生了解相关文化。比如，在 10 月 26 日那天，我刚巧在四年级上一节新授课，于是整节课都设置了万圣节的文化背景。当然最后我会及时补充："这节课我给大家介绍了万圣节，但不是带大家过万圣节。万圣节是西方国家的孩子们非常喜欢的节日，我们中国的孩子也有自己很喜欢的节日，比如春节、中秋节、端午节等，也有灯会、舞龙、划龙舟等有趣的节日活动。将来我们也许有机会去国外旅游、工作甚至生活，如果万圣节听到孩子们大声喊'Trick or treat'，你可千万不要吓一跳。你要了解他们的文化，事先准备好一点儿糖果。"

教学 hamburger、sandwich、cake 的时候，教师可以客观地讲述，这都是西方国家人们的普通食物，就像我们的粥、包子和饺子一样普通。甚至可以这样表达，有的西方国家的老百姓一辈子都没有机会吃到

我们中国美味的炒菜、炖菜和焖菜，没吃过我们的粥、包子和饺子……教师可以组织学生分享交流一些当地的特色食物以及与这些特色食物有关的美好故事。也许是奶奶特意包的馄饨，也许是外婆特意做的糕点。

在教材三年级上册 Unit 5 Look at me! 中，有个女孩子对着镜子依次换了 T-shirt、skirt、cap，并请妈妈 "Look at my…"。她的妈妈不停地表达赞美 "It's nice. / How nice! / It's great."。最后女孩子说 "Look at me!"。妈妈再次赞美 "Great!"。教师如果仅仅教学几个单词与句型，是非常机械的。我会组织学生讨论：如果你在家里，把自己的衣服拿出来不停换着穿，妈妈会怎么说？我会请学生观察并确认，课文的图片背景里没有节日的痕迹，没有表现出因为女孩子长个子而导致衣服太小或者太短。我会请学生思考：教材上的女孩子为什么莫名其妙地试穿各种衣服？她妈妈到底在赞美什么？如果不引导学生深入思考，仅仅学习几个单词与句型，他们就会觉得乏味。

《义务教育英语课程标准（2022 年版）》关于主题的学习范围中有这样一个子主题内容——个人喜好与情感表达。对照这个子主题内容，回头再看这个文本和课文插图，就会留意到，小姑娘的 T 恤是粉色的，帽子是黄色的，帽子上的花朵有粉色花蕊，与 T 恤同色。所以，教师可以引导学生观察这个孩子的着装，引导学生思考：她为什么要换衣服？她自己搭配好的衣服有什么特点？给她换一顶绿色的帽子是否合适？妈妈是在赞美衣服好看？还是在赞美她的衣服搭配色彩和谐？这篇课文中的单词、句型只是桥梁，重点是"人与自我"。教师可以引导学生了解基本的色彩搭配，初步掌握合适的着装原则，懂得衣着得体的重要性，认识到衣物能够充分表达自己的喜好与气质。在课堂上教师甚至可以设计一个环节：利用课件，提供不同颜色、风格的衣物，给不同的模特搭配衣服，不断地创造美，让学生感受美。

在学习 a cup of tea、a cup of coffee、a glass of milk、a glass of juice 的时候，我跟学生分享了自己在英国游学期间，民宿主人每天早上给我

做 Black tea 的事，重点是跟他们谈论我们国家的茶文化。我跟孩子们提起了唐代"茶圣"陆羽写的《茶经》，介绍了我国源远流长的茶文化，讲解了我国茶叶的分类，介绍了传统的茶艺。我还认真地告诉他们："因为我喜欢我们国家的茶文化，因为我喜欢喝茶，所以我专门学习了茶艺课程。我坚持在周六去上课，背诵关于茶叶的知识，品鉴各种茶叶的味道，练习泡茶的手艺，最后通过笔试、口试（识别各种茶叶，并讲述特点）和操作考试（进行茶艺表演），获得了中级茶艺师的证书。"在学生的惊叹声中，我补充道："学习是一辈子的事情哦！不是只有在学校里做学生的时候才需要学习，而是一辈子都要保持学习。你可以选择各种自己喜欢的知识与技术去学习。我很享受学习的过程，学习让我非常快乐！当我非常了解我们国家的茶文化，当我能够准确地认出各种茶叶，当我能够讲述各种茶叶的特点，当我能够优雅地用茶道为朋友们泡茶的时候，我很感谢认真学习的自己。我感到特别骄傲、特别开心！"

从英语课堂上的 a cup of tea 出发，学生学到的不仅仅是一个词组，还有中国传承下来的茶文化。更重要的是，一个成年人用自己的学习经历与学习体验告诉他们，学习是一辈子的事！

在感悟与内化后，发展共情能力

文化知识可以直接以语篇为载体进行教授及考核，但文化意识没办法直接教授，更难考核。教师可以在具体的事件上表明自己的态度，由此潜移默化地影响学生，从而帮助他们树立正确的文化意识，渐渐发展出对他人的共情能力。

在英语语境中，当听说对方身体不好时，要及时说"I'm sorry to hear that."，以培养学生的共情能力。我在课堂上请学生装作突然摔倒，设置的情境一是全班哄堂大笑，情境二是大家纷纷过来扶他，并询问

"Are you OK now? / How are you now?"。请扮演者谈一下自己在不同情境下的感受。我由此提醒学生，对他人的尴尬、困难要多换位思考，在力所能及的范围内及时安慰与提供帮助，这会让你成为一个受欢迎的人，也能减少不必要的矛盾和潜在的伤害。

在二年级下册教材上，有一个孩子展示各种技能，说完一句"Of course I can"后，他就穿着溜冰鞋摔倒在地。学生看到这段动画的时候都哈哈大笑。教师可以适时组织学生思考：他一定是在吹牛吗？也许他真的不会溜冰，只是在吹牛；也许他只是对自己的能力估计不足，或者他当天状态不对。同时提醒学生：在别人出错的时候，不要觉得他一定就是在吹牛；在别人出现失误的时候，不要去嘲笑他。如果对方是一个很脆弱的人，这种嘲笑会伤害到他；如果对方是一个很极端的人，这种嘲笑可能会导致对方伤害我们。我们应该及时去帮助同学。

在教学到 be good at 的时候，我会讲述自己擅长与不擅长的事情，让学生意识到，每个人都有自己的长处与短处。不要嘲笑别人的短处，要温和、友善；要努力寻找并发掘自己的长处，要勇敢、坚定。总之，要学会接纳他人与自己的各种差异。

在教学到 In the kitchen 这个单元的时候，课本上的孩子对着爸爸做的肉称赞"It's yummy… You're a great cook!"，对着妈妈做的汤说"It's nice… I love it."。此时，我会启发学生理解，这是不同的道谢方式，然后分不同情境进行对话练习。一个情境是吃饭的时候，对所有菜肴都没有称赞；另一个情境是用上述不同的方式道谢。让学生懂得，对辛苦准备饭菜的家人，我们应该及时道谢或者赞美。

在教学到 Then and now 这一单元的时候，教材上出现了很多现在不常见或不常用的物品：letter、newspaper、radio、telephone。教师可以让学生在爷爷奶奶或者爸爸妈妈的房间里找到一件不常用的物品，然后采访物品主人，请他们聊一聊：这件物品是哪一年得到的？是自己买的还是别人送的？当时喜欢吗？经常用来做什么事？如果是别人送的，跟那个人还有联系吗？会想念他吗？以这种方法加深学生对家人的了解。如果学生从中体会到爷爷奶奶或者爸爸妈妈的艰辛，也许会更珍惜目前的幸福生活。如果听得出爷爷奶奶或者爸爸妈妈的遗憾，也许会更珍惜与好朋友的友谊。

教材四年级上册 Unit 7 How much? 的 Story time 部分的配图特别有意思，第一张插图上有"义卖"一词。一看到这个词，我就觉得这节课有必要"小题大做"。我首先去寻找一首老歌《爱的奉献》。为了找到合适的视频，花了很多时间。课堂伊始，我就播放这首歌曲。歌词出现的时候，很多孩子都看着歌词轻轻地跟着哼唱起来，真是让人陶醉啊！

教材插图上出现了"义卖"一词，教师可以组织学生讨论怎么理解义卖。大家的答案五花八门：把自己不要的东西卖给别人，把自己用过的旧东西便宜卖给别人……我随时"请教"：自己不要的东西还要卖给别人吗？用过的旧东西一定要便宜卖吗？卖掉东西后的钱放在自己口袋里是义卖吗？最终帮助学生真正理解义卖就是卖掉自己家里闲置的、仍然有使用价值的物品，或者把自己心爱的物品，卖给需要或者喜欢这个物品的人，所得的钱捐给需要我们救助的人，比如，受灾地区的人。讨论到这里，有学生恍然大悟："怪不得老师让我们听《爱的奉献》啊！"也有学生说："老师，义卖的钱可以给灾区的人们买帐篷，买食物，买矿泉水……"

这节课看起来只是组织学生练习"How much is it / are they?"这个句型，事实上更重要的是，引导学生理解并珍惜自己的幸福生活，引导他们在有能力的时候可以通过义卖去奉献爱心，去帮助更多的人。

第六章

如何设计低、中年级课堂教学活动

经常听闻有的小学英语教师"惧怕"被安排执教低年级英语。虽然批改低年级英语作业的工作量要轻很多，但很多教师还是宁愿去执教中、高年级。"课堂太乱，整节课疲于应对纪律问题""教材内容不足以上满 40 分钟"几乎是常见的理由。初次踏上工作岗位的青年教师更惧怕执教低年级英语，他们觉得中、高年级的孩子比低年级的孩子懂事得多，中、高年级的教材内容与各种练习也丰富得多，只愁 40 分钟来不及完成教学任务，不用担心怎样才能上满。

这的确是很多低年级英语课堂的真实情况。低年级课堂上很容易出现教师对纪律与教学内容双重失控的现象。查阅自己的教学日志，看到我对一位执教二年级英语的青年教师的评课记录：

> 教学了 teacher、pupil、nurse 和 doctor 这些表示职业的单词后，教师设计了多种朗读方式进行操练。但由于这几个单词非常简单，虽然教师在课件上更换了各种背景或者设置了不同情境，但练习形式其实还是朗读。而一旦朗读练习过多，孩子们就会觉得乏味，从而出现各种纪律问题。而纪律问题则会影响到授课教师的情绪，教师往往不是提不起神儿就是生气。所以，有效的办法是教师调整教学设计。在做少量朗读练习之后，完全可以安排孩子们说英语，而不是读英语。比如，可以让孩子们说：
>
> I'm a pupil. Miss Qian is a teacher.
> I'm a pupil. Miss Qian is not a pupil.

> Miss Qian is a teacher. My dad / mum is (not) a teacher.
>
> 孩子利用刚学的单词来说说跟他有关的事，其实就是把机械的朗读转化为真实、生动的语言练习。这样，他们才会积极参与，积极表达。孩子们有事可做、有话可说的时候，一般就不会出现纪律问题，课堂气氛就会愉悦、轻松。

当时觉得自己的评课很到位，也得到这位教师的认可与信赖。然而几年后再翻阅这篇日志，却有些惭愧。我为什么要到评课的时候才发现年轻教师的问题并指出来呢？事实上，我应该早一些提出建议，供她参考、借鉴。

因此，我梳理了近年来我的思考和实践，与各位执教小学低年级英语的年轻同行，分享我的一些教学建议。

多设计整班参与的教学活动

在低年级英语课堂上，很多时候所谓的纪律问题，其实不是孩子们故意不遵守课堂规则，而是教师的教学设计是让个别孩子依次展示，很容易使得暂时没有学习任务的孩子百无聊赖。例如，"开小火车"这样的朗读形式，实施几次后，在教师邀请小组第一个孩子朗读的时候，其他小组的孩子心知肚明："这次只是他们组依次朗读，没我什么事。"这个时候他们就容易走神儿或者去做各种小动作，甚至讲话。

因此，教师在课堂上要多设计并组织整班参与的教学活动。

"有序数一数"

一年级学生学习第二单元时就要认读两个数词 one、two。它们是新授单词，教师在课堂上当然会组织学生重点学习并且反复朗读。但是，如果只是请学生反复朗读这两个单词，他们很快就会感到索然无味。

有的教师会请学生按座位顺序轮流数数，但是，教室里往往有一部分学生，会忙着提前数好轮到自己时应该是说"one"还是说"two"，一旦确定下来就急着跟前后左右的小伙伴交流："等会儿轮到我的时候，我应该数 one。"这可能立刻引发他座位周边的同学也开始估算轮到自己时应该数哪个。于是令人困扰的课堂纪律问题就这样产生了。

其实，我们可以稍微调整一下这个"有序数一数"活动，将按座位顺序轮流数数，改为教师随意指定学生数数。教师要求学生听仔细："如果刚才发言的小朋友说'one'，老师叫到你的时候，你就要说'two'；如果刚才发言的小朋友说'two'，老师叫到你的时候，你就要说'one'。"

每次像这样组织教学活动的时候，他们会立刻安静下来，一边把手举得高高的，一边仔细聆听上一个同学说的是哪个词。于是，教学活动有条不紊地展开。

"我来找一找"

教材对一年级孩子学习单词的要求往往停留在听、说、读上。而且，需要他们听、说、读的单词往往是单音节单词，较难的是双音节单词，很少出现多音节单词。

会读单音节或者双音节单词，对一年级孩子来说，并没有难度。一般情况下，跟老师多读几遍就能够掌握。困难的是，他们读过几遍后还是会遗忘读音，同时会混淆单词的意思。有时候，老师为了让孩子对单词加深印象，就要求他们反复读。不是单人轮流读，就是分组依次读。但是，单人读或者分组读的时候，没轮到朗读的孩子就会无事可做。也有孩子早会读单词了，因而对反复朗读心生厌烦。总之，纪律问题就可能会在新授单词之后的"巩固朗读"环节出现。

不论什么版本的英语教材，低年级前两个单元一般会出现 morning 和 afternoon 这两个单词，掌握它们便于每节课上的师生问候"Good morning / afternoon."。morning 和 afternoon 虽然都是名词，却不是代表具体事物的名词，无法用实物来呈现。反复朗读在新授单词时是有意义的，但机械重复则会让学生失去学习兴趣。

我建议在一年级课堂上设计、组织"我来找一找"活动。材料很简单，只需要教材配套的单词卡片（如果没有也可以自制）。比如，教学 afternoon 的时候，在多次朗读后，我会在多媒体投影屏幕上或者黑板上出示单词 afternoon。然后请学生 A 走到黑板前，闭眼。再将 afternoon 的单词卡藏在学生 B 的桌肚里。藏好单词卡后，我请 A 睁开眼睛，在教室过道里慢慢走动找卡片。与此同时，全班学生都全神贯注地轻声读 afternoon。如果 A 渐渐接近 B 的座位，他们朗读的声音就渐渐提高，A 就会放慢脚步。当 A 来到 B 身边时，他们朗读的声音就会达到顶峰，简直是狂欢。A 顺利找到单词卡，对 B 说"Good afternoon."，B 会回答"Good afternoon."。在顺利完成寻找单词卡任务后，A 会将卡片还给我，并且跟我说"Good afternoon."，我也会回答"Good afternoon."。

在寻找单词卡的过程中，孩子们多次重复朗读相关单词。每次开展这样的"我来找一找"活动，他们都会兴趣盎然，经常要求玩好多遍。有的孩子想成为那个找卡片的人，有的孩子想成为那个藏卡片的人。总之，一年级的孩子们在初学英语的时候，对这种形式的教学活动乐此不疲。而在整个活动过程中，他们的注意力高度集中，愿意反复朗读，也自然地反复听到这个单词的读音，同时能看见屏幕（或者黑板）上的单词。这样训练，能更好地帮助他们听、说、读单词，巩固所学单词，而且在这个环节很少出现纪律问题。

多设计让学生表达的教学活动

教师通常会组织各种形式的朗读活动，有的学生可能会因此对课堂或者课程渐渐失去兴趣。教师要关注这些学生的情感需要，要安排一些教学活动让他们表达自己，即便使用最简单的英语单词。

"你最喜欢谁"

很多一年级英语教材第一单元会出现几个孩子的名字和头像，接下来各个单元的内容都围绕这几个孩子的生活和活动展开。所以，认识他们的名字，辨认他们的五官，是第一单元非常重要的教学目标。在课堂上，教师常常花费很多时间教这些连汉语拼音和英文字母都还没有开始学的学生认读教材上孩子们的名字。

教材一年级上册的 Unit 1 I'm Liu Tao 里面出现了四个孩子的头像和名字：Liu Tao、Yang Ling、Wang Bing、Su Hai。在初步认读了这四个孩子的名字之后，我用课件出示了他们的头像，然后提出要求："这四个小朋友之中你最喜欢谁？请你跟他挥挥手并且说'Hello'。"

"你最喜欢谁"可以让学生真实、具体地表达自己。他们会一下子进入急切表达的状态，会高高举起小手，透露着无限欢喜，等待教师邀请发言。"Hello, Liu Tao. / Hello, Yang Ling. / Hello, Wang Bing. / Hello, Su Hai."学生自由地对着屏幕上任意一个孩子打招呼，就不再是机械地跟读，而是他们的真实表达。每次我要终止这个活动的时候，都需要下很大的决心才行——还有学生试图告诉我他最喜欢的人是谁，并且想跟他好好说一声"Hello"。

在这个活动过程中，其他同学在听（个别学生发言）、在看（屏幕上的单词及图片），并暗暗准备自己想说的话。他们身心愉悦，注意力高度集中。

"我是小诗人"

在教学过程中，教师要根据学生已有的知识储备，帮助他们在学习新知识的时候用合适的方式巩固旧知识。基于低年级儿童的年龄特点，动物名称是每套教材都会安排的教学内容。低年级教材上，一般一个单元出现四个英文单词，而授课计划却至少安排四课时。在没有笔头作业的情况下，这就需要教师精心设计。

教材一年级下册 Unit 7 What's that? 里面出现了四个动物名称 pig、lamb、duck、cow 和句型 "What's this / that? It's a…"。即便教师用多媒体课件出示精美的动物图片，或者播放真实的动物叫声，甚至在课堂上展示亲手制作的动物卡片或者动物头像，反复认读单词，或者操练 "What's this / that? It's a pig / a lamb / a duck / a cow."，也难以触动孩子的内心世界。

其实，在本册教材的 Unit 3 I like carrots 中，学生已经学会了用 "I like + 名词复数" 来表达自己对某类事物的喜爱之情。利用已有知识，再结合本单元知识点，我设计了 "我是小诗人" 这个活动，将一首诗呈现在大屏幕上：

> Pig, pig, It's a pig.
> Pigs, pigs, I like pigs.

其中画线部分的单词，孩子们可以自由替换成自己喜欢的动物名称。在交流环节，他们跃跃欲试。有的孩子因为喜欢两种甚至两种以上的动物，所以一再举手，要跟大家分享自己喜欢的动物。

固定的诗歌框架，简单的节奏，让孩子们当一回"小诗人"的愿望成为一种可能。而比"我是小诗人"这个活动更吸引孩子们的，其实是他们可以自由地表达自己的想法。

多设计真实的教学活动

不管哪个版本的英语教材，我都深信它们是课程专家们极其用心的专业研究成果。一般情况下，我不会轻易地增补内容，但为了让孩子们更好地表达自己，在有的单元，我还是会刻意地增加一些知识点，并要求他们掌握。这样做，我不觉得会加重他们的负担，反而认为能帮助他们扫除用英语表达的障碍，能让他们更顺利地说英语。

"我也有不会的"

教材一年级上册 Unit 7 I can dance 中，出现了四个表示动作的单词 dance、sing、draw、cook 和句型"I can…"。在完成单词教学和句型操练后，孩子们都能熟练地说"I can dance / sing / draw / cook."，一般情况下都能达到发音准确，句子表达流利。

但事实上，一年级的小朋友会做饭的很少，而且，很多男孩子也不会跳舞。如果要求他们一律说"I can dance / cook."，我认为，就是在鼓励他们信口开河。长此以往，他们可能会觉得信口开河，甚至撒谎都是被允许甚至被赞美的，这有碍于培养孩子的美好品格。

我特意教了 I can't，说明"我也有不会的"。不是简单拓展，而是词句训练，要求孩子们会认，会读，最终会用。于是，孩子们大声说话了。有的说"I can't dance."，有的说"I can't cook."。我示范"I can sing. I can draw. I can cook. I can't dance."。孩子们纷纷效仿,真实表达"I can't dance. I can sing. I can draw. I can't cook."。孩子们能够一口气流利地说四个句子,很有成就感,同时也为自己不乱说一气感到坦然。

即便是在英语课上操练句型,也该遵守以人为本的原则。尊重孩子的真情实感,不打着"句型操练"的幌子要求他们说不符合他们真实情形、意愿和能力的句子。

其实我不喜欢

教材一年级下册 Unit 3 I like carrots 中出现了四个表示蔬菜的单词 carrots、onions、peas、peppers 和句型"I like…"。在完成单词教学和句型操练后,孩子们都能够流利地说"I like carrots / onions / peas / peppers."。

可是,很多孩子是不喜欢吃蔬菜的,成年人也不见得都喜欢这四种蔬菜。其实我不喜欢吃洋葱和豌豆。即便是为了教学,我也不愿意将"I like onions / peas."说出口。肯定也有孩子像我一样不愿意说与事实不符的句子。他们要么不举手,不参与此时的教学活动,要么勉为其难地说喜欢某种原本不喜欢吃的蔬菜。

课堂是让儿童生命在场的地方,而不是让孩子们不愿意开口说话或者说自己不愿意说的话的地方。

我认真地教 don't,带孩子们认读它,并结合手势表达"I like carrots. I don't like onions. I like peppers. I don't like peas."。在我的示范下,孩子们毫不掩饰地告诉大家自己不喜欢什么蔬菜。甚至有孩子一口气说出"I don't like carrots. I don't like onions. I don't like peas. I don't like peppers."。在全场一片哗然中,我暗暗确定这个孩子为我近期家访的对象,打算就孩子不喜欢吃蔬菜这个事,表达我对孩子饮食习惯的关心,为家长提供相关建议。

让孩子有机会说符合他们真实情形、意愿和能力的句子，即便只是在英语课上操练句型，也是教师了解他们的宝贵渠道。我很看重这些渠道，并会妥善保护。

多设计与语言训练紧密结合的教学活动

很多低年级教材上都有 Fun time 版块，包括多种形式，比如，Play a game，Guess and say，Ask and answer，Show and tell，Match and say，Point and say。这些形式的语言训练都能帮助孩子复习巩固本单元的重点单词和句型。

考虑到课堂教学时间，我觉得有时教师可以对教材上 Fun time 部分的活动形式加以适当调整，设计出与语言训练更加紧密结合的教学活动。

"我来指一指"

某套教材的一年级下册某单元，单词部分要求学生掌握 tree、flower、bird 和 kite 的认读，句型部分要求学生能够说 "Look at the… They're…"，而该单元的 Fun time 版块设置的活动是 Draw and say，要求学生在白纸上依次画出树、花、鸟和风筝，然后指着自己画的画操练句型 "Look at the…It's / They're…"。

有的教师完全按照这个版块的要求设计教学活动，先让学生画画，然后操练句型。在实施过程中，课堂就有可能进入失控状态。

一年级孩子拿彩色铅笔可能要花时间，画画要花更多时间，中间可能不停地问 "老师，我这样画可以吗"，最后还要手忙脚乱地收拾画具，这个过程中大有可能出现个别孩子把彩色铅笔掉一地的 "惨剧"。到最后，只剩下一点儿有限的时间供他们进行语言操练。而在个别孩子发言的时候，教室里很可能一片嘈杂，他们无心听他人发言。

其实，教师只需要稍稍调整一下教学活动，即可收到事半功倍的效果。现在网络上信息那么丰富，教师可以事先收集一些树、化、鸟和风筝的图片，组合在同一张图片上。像这样的图片教师可以事先制作好多张不同版本的，以便在请学生指着图片进行句型操练的时候保持新意。课堂上，教师出示不同版本的图片，学生就可以指着图操练句型。

"我来指一指"这样的训练活动符合教材上原定教学环节的语言训练要求，既能很好地巩固该单元的单词与句型，又不必让学生开展与英语语言习得无关的活动，还能节省教学时间，并很好地维持了英语课堂的秩序。

"我来猜一猜"

教材二年级下册 Unit 4 I have big eyes 的 Fun time 版块的活动是 Make and say。书上有两个学生各自制作面具，做好面具后，戴上面具交流：

A: Look! I have small eyes.

I have…I…

B: Ha! Ha! I have a small mouth. I have…

如果在课堂上完全按照教材，给学生足够的时间剪、贴、画，最后做出面具，那么大部分时间都不是在做语言训练。

因此，我提前建立了电子资料库，里面是全班学生穿着校服的个人照（电脑里有很多），然后给每个学生的脸上都随机覆盖了一个不同的面具。

最后，我把这个语言活动改成"我来猜一猜"。先出示一张戴着面具的学生照片，然后出示以下句子：

Look!
I have big / small eyes / …
I have a big / small nose / …
I have long / short hair.
Guess! Who am I?

如果学生猜错了，教师就摇摇手说"Sorry, you're wrong."；如果学生猜对了，教师就把面具移走，并说"Yes, you're right."。

学生的积极性瞬间被调动起来，他们很期待戴着面具的自己的照片出现在屏幕上。

"我来试一试"

教材二年级下册 Unit 6 Let's go shopping 的 Fun time 版块的活动是 Colour and say。书上几个学生给各种衣物卡片涂色，涂完后把衣物卡片放进盒子，然后依次从盒子里摸出卡片，手持随机摸到的卡片交流：

A: I like this hat. It's red.
B: I don't like this blouse. It's blue.

我把这个活动改成"我来试一试"，用课件出示了各种颜色衣服的图片，然后依次呈现全班学生穿校服的个人照片。轮到哪个学生的照片出现，哪个学生就可以选择课件上衣服的图片，装扮照片上的自己，同时可以说：

I like this hat. It's red.

I don't like this blouse. It's blue.

Look at me!

总之，英语课堂上的任何教学活动，都要以语言训练为主。如果整个活动用时过长，还要画画或者做手工，那就需要教师灵活调整，重新安排教学活动。

多设计符合学情的教学活动

有的孩子在读小学之前没有接触过英语，有的孩子已经学过英语。

教师不能漠视实际学情，如果把学生都当作没学过英语的初学者，就会让那些已经学过英语的学生在上课时兴味索然。

"我来领读"

在一年级英语课堂上，往往出现这样的情况：教师正准备领读单词 dog，冷不防一个孩子大声喊："Dog! Dog! 这个单词我会读！"这样就可能打断教师做的各种预设。

教师可以巧妙应对。

我在一年级第二单元新授课的时候，准备领读课题里的 two。孩子们七嘴八舌："老师，我会读！""老师，我也会。我学过英语。"我趁机宣布："我要请会读的小朋友来领读。我想听一听谁读得最准确。"

孩子们争着举手，包括一些其实没学过英语的孩子，他们也高高举起了小手。年龄小的孩子可能并不清楚自己的想法与事实之间的差距，所以我既不批评他们，也不因此指责他们。

我先请几个学生领读。他们每读一遍，我必定先表扬"Good!"，再清晰地重复一遍这个单词，然后全班跟读一遍。这样，就不再是"教师领读—学生跟读"的形式，而是"个别学生领读—教师确认—全班跟读"的形式。虽然只是顺序上的小小变动，但会给学生们完全不同的感受。很多学生脸上的神情似乎在说："我不是不会读这个单词，我能领读呢！"

在一个个孩子的领读下，在我一遍遍确认和全班跟读中，那些没有学过英语的孩子也毫不费力地学会了朗读这个单词。"我来领读"，就能让学过英语的孩子有机会张扬个性，让没学过英语的孩子不会因为初学而懊恼。

"我来演一演"

教材一年级下册 Unit 5 What's this? 里面出现了四种昆虫的名称 ladybird、cicada、butterfly、dragonfly。对一年级学生来说，在一课时内学会分辨、朗读这四个多音节单词，还是有一定难度的。因为 butterfly、dragonfly 都含有 fly，所以可以把它们放在一起教学。

学生在一年级上册 Unit 7 I can dance 中学过"I can..."，而在一年级下册 Unit 4 Spring 中学过 bird，基于此，我在教学中首先设计了这样一个环节。

（出示：与唱歌、跳舞、画画、做饭相关的图片）

T: What can you do?

S: I can sing / ...

（出示小鸟图片）

> T: Look at the bird. It can fly.
>
> （出示单词 fly，教师表演，带学生朗读并表演）
>
> Fly, fly, it can fly.

在学生理解、会读 fly 之后，依次出示蝴蝶和蜻蜓的照片，然后带学生朗读：

> Fly, fly, it's a butterfly.
> It can fly.
> Fly, fly, it's a dragonfly.
> It can fly.

在学生熟读 butterfly 和 dragonfly 的基础上，准备好一对蝴蝶翅膀和一对蜻蜓翅膀的道具，请学生来演一演：

> A: Fly, fly. I can fly.
>
> I'm a butterfly.
>
> B: Fly, fly. I can fly.
>
> I'm a dragonfly.

"我来演一演"是在学生理解 I can fly 和听懂、会说单词的基础上组织的活动，而且 fly 与 butterfly、dragonfly 刚巧押韵。这样编制的儿歌朗朗上口，学生就可以轻松、愉悦地演绎出来。

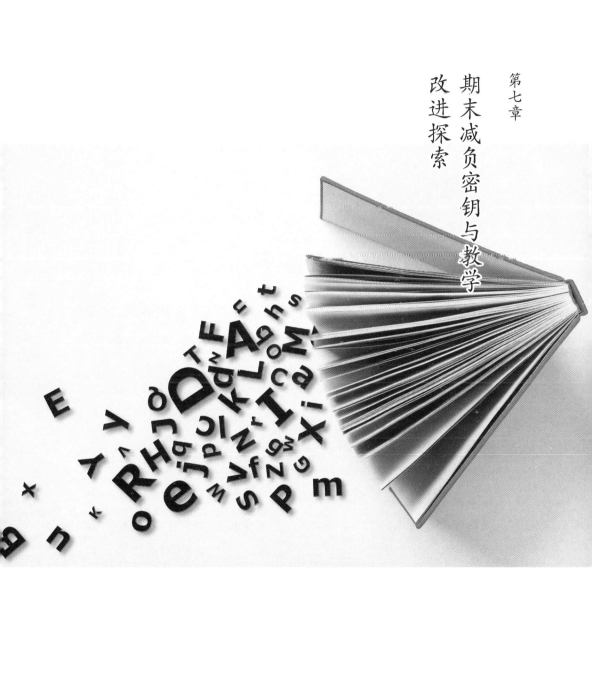

第七章

期末减负密钥与教学
改进探索

期末复习阶段，教师在不断向学生推送知识的同时，也应努力减少学生的作业量。

习惯去在意，在意比分数更重要的

每学期一次的期末考试，我都不愿意将自己承受的压力转嫁给学生。一旦教师在意班级的平均分与年级排名，学生一定比任何人都明白教师的真正心思。当学生清楚教师在意的不是他们个体的成长时，教师就很难调动学生去参与期末阶段的各种学习活动。

要在意学生的身心健康

印象很深刻的一次反馈是，几年前，一个领导带一个三年级学生去参加某项比赛。路上，领导问这个学生："你最喜欢的老师是谁？"学生回答："沈老师。"领导奇怪："为什么不是你们的班主任？"学生答："因为沈老师从不拖堂，而且每次下课都让我们赶紧去喝水、上厕所，赶紧去走廊里玩，不会说'下了课把作业完成'。"

一个学生在小学毕业的时候留言："小学生涯中，您是教我们时间最久的老师，也是最仁慈、最关爱我们的老师。在学习上，对我们要求严格，一丝不苟；在生活上，总是关注我们的健康，让我们适当地放松，还经常带我们去图书馆看书，或者带我们去操场自由活动，让我们劳逸结合。"

可见，学生不在乎教师的职称或者获得的荣誉，更在乎自己跟这个教师相处期间是否愉快。

教育本该是吸引，吸引学生向上、向善、向美。期末阶段，教师仍然要秉持这样的理念，不能因为分数的压力而让学生生活在恐惧中。教师要关注学生的身心健康，要注意保障学生在期末阶段也有足够的时间去休息和玩耍。这需要教师修炼足够的智慧，更高效、更有序地开展工作。

合理规划复习课程，调整作业安排

期末复习期间，有的教师每天到了课前才匆匆地跟同组教师商量："今天课堂上写哪份作业？"或者到了放学之前，才慌张地与同事交流："今天作业布置什么？"教师当然要在复习阶段按学校要求完成教案，但对有的教师而言，撰写复习教案与规划复习课程好像是两个独立的系统，完全分离。也就是说，有的教师可能复习教案写得很完整，但是对复习期间的作业、练习并没有做很好的整体规划。

我会在期末复习尚未开始时，就整理好本册教材的所有知识点，梳理好学生需要掌握的题型，规划好每天的课堂与作业的内容，并安排好各种课堂小练习的进度。同时，会把这一切都做成表格，并一再修订，最后把修订好的表格打印出来。这样，对每一节课的课前、课后都能做到心中有数，井然有序。

同时，在每天下班之前，我都会复盘当天的课程安排，觉得有不合理的地方，就及时修改。目的就是尽力保证他们的作业可以在规定时间内完成。

高效设计工作动线，保证学生课间活动

人们在装修厨房的时候，常常会考量家务动线是否合理、便捷。大

型商场也十分重视动线设计，良好的动线设计可以引导顾客在店内顺畅地选购商品，提高卖场坪效。同理，对课堂教学、各种资料收集和上传、批改作业、组织班集体活动、辅导学困生等各种事情的处理，教师也需要有明确的"动线意识"。设计这个动线的前提是应该把课间十分钟全部还给学生。

有的教师觉得委屈，自己一天到晚马不停蹄地忙碌，甚至占用了学生的课间活动以及午后休息时间，但是每天到放学的时候还是有很多工作不能收尾。这个时候，教师其实可以认真反省一下自己的工作动线是否流畅、合理。

如果一节课有抄写、默写和讲评练习册的任务，教师就要合理规划动线，是讲评练习册—默写—抄写，还是默写—抄写—讲评练习册？工作动线会直接影响教师的教学效率。

重视学习过程监测，保护学生的学习兴趣

期末考试是一次重要的学科质量监测，但不应该是一学期唯一一次的学习质量反馈。常态化的质量监测，对激发、保护学生的学习兴趣有着深远的意义，也能促进学生重视平时的学习积累。

教师不能把学习的主要任务都安排到期末复习阶段。这不利于学生消化吸收，也不利于学生张弛有度地学习，反而会加重期末的学习负担。

我会重视保护学生在整个学期里对英语学习的兴趣。我给他们设立了多个奖项，如"单词大王奖""学期全优奖""新概念英语之星奖"等。

设立"单词大王奖"与"学期全优奖"的目的是监测孩子们每个单元是否学得扎实，鼓励他们重视过程性学习。这样的话，期末考试之前，他们就不用临时抱佛脚，教师也不用发动令人心生恐惧的"突袭"或者"总攻"。而"新概念英语之星奖"则是小小地表扬一下更优秀

的那些孩子——其实在我眼里，得 91 分与得 100 分没有多大区别，都优秀。

要在意学生的成长动态

随着年级升高，学生的作业量也在逐渐增加，他们与家人交流的时间越来越少。因此，上学期间，部分学生与同伴的交往、与教师的互动，无论频率还是深度，都有可能超过与家人的沟通。

教师要真正意识到这一点，不能仅仅关注学生的成绩、上课纪律，而要全面关注他们的学习态度、身体健康、个人情绪、价值观、成长方向……

期末复习阶段，学生会比较容易浮躁，甚至出现各种错误认知。教师要及时发现学生错误的想法，争取给予正向引导。

有的教师在期末复习的时候过于强调班级平均分，也有家长为了让孩子重视期末考试而对孩子说"你给全班拉后腿了"。初衷可能都是为了唤醒孩子的集体荣誉感，想要他们重视班级荣誉，从而发奋学习。低年级学生往往并不能很好地理解，有时候甚至产生误会。

曾有孩子问我："老师，是不是我考得不好，校长就会批评你？"这是个家长很愿意使力但本人不配合的孩子，估计他的这个疑问来自家长平时的灌输。如果不及时纠正这种想法，可能就会导致孩子产生"考不好会害老师被批评"的压力，或者"那我就故意考不好，让校长批评老师"的想法。

"只要班级里有学生得了'优秀'，就证明我把知识都已经讲明白了，校长不会因为这个批评我的。"我及时释疑，更重要的是表达教师对学生的期待："在我眼里，学习能力强、经常得'优秀'的孩子很棒。还有一种孩子也很棒，就是他们保持努力，一点点儿进步，一点点儿提高。说实话，每次看到他们多掌握一个单词，多理解一个语法，我都格外感动，真心为他们感到高兴。"这样的答案里有教师对学生满满的在意。

教师对学生是控制还是在意，学生是有能力分辨的。控制并不能唤起学生的学习动力。当学生感受到教师在意他们的时候，他们就会调整自己的学习态度和行动，朝着教师期待的方向发展。

常常去理解，理解比当下更长远的

教师要理解家长当下对孩子的期待，也要理解孩子的当下一定影响到他们更长远的未来。教师就是那个连接当下与未来的重要他人，要理解不同家长的不同心态。

在同一间教室里，孩子们对学习的态度千差万别，因为他们是来自不同家庭的不同个体。家庭的差异、学生个体的差异，在期末阶段可能体现得更加明显。

要理解家长之间的差异

家长对孩子的期待各不相同。有的家长比较"佛系"，对孩子、教师都没有特别的要求；有的家长从孩子当下的成绩联想到孩子的未来人生，格外焦虑，会对孩子和教师提出各种要求。"双减"政策出台以来，那些原本想让孩子学得更多、更广的家长，仿佛突然被关上了一扇门。教师要理解这些焦虑型家长。

期末复习阶段，如果只是机械地把学过的知识复习一遍，无论教师设计的教学活动多么丰富，有些孩子一定会觉得很枯燥。复习知识点，对学习能力比较弱、平时成绩不是很理想的孩子来说，有其必要性与重要意义。但对学习能力非常强、平时成绩一直很优秀的孩子来说，的确有些浪费时间，他们的家长也可能会因此焦虑。

我会在期末复习阶段，按不同年级，进行各具特色的拓展教学。一年级是儿歌诵读，巩固对元音的识记。二年级是朗读与默写《英文三字经：林克妈妈的少儿英语学习法》里的单词，初步接触音标。三到六年级是《新概念英语青少版学生用书》和《我爱自然拼读：儿童英语启蒙分级绘本》的拓展学习。五、六年级还会启动课外阅读。所有的拓展学习，都不仅仅停留在教师的教，而是深入落实到学生的学——有目标，有要求。但我并不要求所有学生必须达标，家长可以自行选择是否督促孩子完成这部分内容的拓展学习，是否上交这部分作业。

即便在期末阶段，复习之余，仍然有系统的拓展学习内容。那些学习能力强的孩子就会保持浓厚的学习兴趣，始终兴致勃勃。我喜欢看孩子们在复习课堂上愉悦的模样，而他们的家长也明确了解到孩子在复习期间继续在学习新知识，也能减少部分焦虑。

家长之间的差异，教师也要及时关注并理解。有的家长自身文化水平很高，期待孩子青出于蓝；有的家长自身文化水平不高，对自己目前的生活状态不是很满意，期待下一代能够有一个更好的未来；有的家长对孩子没有很高的要求，甚至对孩子达不到课程的基本要求也不是很在意。在期末复习阶段，教师要及时与家长沟通，并对同一学习内容设置不同要求。

在我看来，重要的其实不是孩子要完成当下的作业，也不是他们期末究竟可以考多少分，而是他们为完成学习任务在教师与家长的支持下愿意付出努力，并坚持不懈。这样的品质如果从小习得，始终保持，那么他们未来必定会从中受益。

要理解学生之间的区别

加德纳的多元智能理论告诉我们，生命个体在不同领域的学习能力是不同的。儿童的成长有快慢之别，教师在理解并满足优秀学生的学习需求之时，也要考虑当下"暂时学得慢"的学生的成长特点，并始终鼓励与支持这些学生。

英语是一门语言课程。平时每个单元我都会布置一份口语作业，期末时会根据各单元的话题，布置不同主题的口语作业。这样的口语作业，既立足于教材，又略高于教材的难度。对于这样的作业，原则上我要求学生脱稿完成，训练学生的英语演讲能力。但同时我也会一直鼓励学习能力弱的学生："可以看着稿子朗读，坚持练习就好。慢慢来，明年你一定也能脱稿演讲的。"学生的焦虑被理解，感觉自己仍然被教师寄予期待，就会对这门学科的学习保持信心，并努力完成作业。

教师对同一份作业设置不同的要求，能让不同能力的学生得到不同层面的训练与提高。如果教师对所有作业都是"一刀切"的要求，那么催交这样的作业一定会让教师筋疲力尽，也可能让学生与家长的矛盾加剧，最终未必就能保护学生的学习兴趣，也未必能得到家长的理解。

总是去吸引，吸引比学科更辽阔的

在期末阶段，我不打算用枯燥、重复的训练去帮助学生获得更高的分数，而是希望学生在学科学习的时候，被分数以外的那些东西吸引，并自觉、自愿地去追逐。

要吸引学生喜欢学习的过程

期末阶段让学生接受机械的、反复的训练，在短期内大概率是可以提高一点儿成绩的。但是，这个过程对学生而言，是愉悦的还是痛苦的，是乐在其中的还是急于逃离的？

教师要吸引学生喜欢学习的过程，不能因为分数的压力而让学生生活在恐惧中。

我会努力找寻合适的英语漫画、歌曲或者儿歌，有序地带孩子们在漫画、歌曲或者儿歌学习中复习知识点，努力寓教于乐，让他们愉快地达到课程要求的学习目标。观看英文版漫画《父与子》是复习课上的"彩蛋"，他们总是忍俊不禁，并从中不断拓展词汇、句型与语法。

我会努力设计更具互动性的课堂活动，让更多的学生在更贴切的情境中进行口语交际，让他们在课堂上有话可说，有情可诉，让课堂真正成为生命成长的地方。比如，教学表示年四季的单词，在新授的时候，我会问："How many seasons are there in a year? What are they? Which season do you like best?"学生的回答通常是正确的，但不够生动。而在期末复习阶段，我会跟学生对话。"My birthday is in winter. So I like winter. How about your birthday? Is your birthday in winter? Are there anyone's birthdays in winter in your family?"让学生有更多表达的机会，让句型操练真正成为对话交流。

我会努力展示英语这门学科的魅力，组织更具开放性的学科活动，致力于提高他们学习英语的能力。我期待学生在离开我的课堂后仍然喜爱英语学科，仍然享受学习英语的过程。比如，每年元旦前，我们会用宝贵的40分钟来举行一次New Year's Party，那是大家每年期末阶段最期待的活动。

我会每天推送一集英文版《四季中国》给学生回家看，让学生在复习的时候体会我们国家优美的四季风景、绵长的历史文化，激发起他们学好英语，向世界展示中国的动力。

从某种意义上说，教师的专业权威是教师赢得学生信赖的保证。然而，教师越是试图彰显自己的权威，就越可能受到学生的抵制。教师不妨主动削减自己在学生面前的权威，丰富自己的知识储备，提升自己的人格魅力，涵养更多的教育智慧，从而建立自己的权威。

要吸引学生向往未知的世界

教师在课堂上、在学科教学中、在学生的成长过程中，应该始终引领学生积极地向往未知的世界。在期末阶段，尤其要在各种合适的时机多向学生介绍一些说英语国家的人文知识，作为语言学习的补充内容和期末复习的调剂。

我曾经在复习课上向学生呈现了自己在英国修学时在剑桥大学游历的照片，告诉他们因为自己学好了英语才获得了这个机会，也正是因为这个机会，自己才在英国的学校里学到了很多知识。

我曾经在复习课上出示过很多科技产品、仪器的英文标识，让学生理解英语是国际通用语言，学好英语可以为我们打开更多瞭望世界的窗口。

我曾经在复习课上播放国外少年儿童的演讲视频，让学生了解国外儿童在思考什么。澳大利亚七岁小女孩莫莉·莱特的演讲尤其令学生印象深刻，促使他们关注野生动物，树立起动物保护意识。

我常常用很多图片、视频去给孩子们呈现教室以外、家庭以外的世界，有时候是片段的、独立的，有时候是系列的、前后关联的。这些信息不断地刺激他们，让他们知道世界很辽阔，让他们明晰，只要保持上进心和提高学习能力，就可以突破家庭条件的禁锢，得到很多看似不可能的机会，从而学到更多知识，将来成为有知识、有能力的人。

每学期的期末复习，让更多学生理解，所有的知识都需要温故知新。如果之前有知识点没听懂，在期末复习阶段只要认真听课和努力学习，是可以重新学会的，并可以从旧知识中获取更多新知识。

"以学习者为中心"的英语课堂探索

英语作为一门语言学科，要体现课程育人的价值，即把学生培养成"全面发展的人"。学生在学习英语的过程中，应该逐步形成能够适应终身发展和社会发展所需要的必备品格和关键能力，具体包括语言能力、文化意识、思维品质和学习能力。

学生是学习的主体。在英语课程中，教师应以学生为中心，全面实现课程价值。

要以多样的形式发展学生的语言能力

语言能力是需要学习者在感知、体验、积累和运用等各种语言实践活动中发展起来的。语言意识、语言经验都需要学习者逐步形成和积累，最终才能进行有意义的沟通与交流。

英语中某物在某地方的表达方式一般是先说小范围，再加上大范围。例如，"The bag is on the bed in the bedroom."，但是教材四年级上册 Unit 5 Our new home 的 Story time 版块中出现了一个句子"They're in the living room, on the sofa."。理解这句话的含义并不难，但为什么这么表达，则需要教师帮助学生在具体的感知、体验和积累中去理解，最后学生才能真正会运用，而不仅仅限于会答题。

而在教材配套的练习册上，也出现了有关这个知识点的题目——看图，选词组完成填空。图片是一个足球被放在学校操场上的长凳下面。"The football is _____, _____."让学生选择 under the bench 和 in the playground 这两个词组完成填空。如果教师在讲课过程中并没有强化处理教材上这个比较特殊的句型（They're in the living room, on the sofa.），学生答这道题的时候就很容易出错；如果教师在讲课过程中留意到了这个句型，但仅仅用灌输的方式讲解，学生就难以将知识内化，往往就不能正确运用。

这就需要教师立足教材，尽量花费较少的时间，精心设计一个让学生真正感知与体验语言知识的活动。然后教师及时帮助学生积累相关语言知识，并提供机会让学生实际运用。只有这样，学生的语言能力才有可能真正得到提升。

下面以教材四年级上册 Unit 5 Our new home 的 Story time 版块为例，谈一谈如何高效地发展学生的语言能力。

课文中，Su Hai 和 Su Yang 是一对双胞胎女孩。这一单元的背景是她们在搬家。四张图上的对话如表 7.1 所示：

表 7.1　对话表

Picture 1	Su Yang: Mum, where's my bag? Mum: It's in your bedroom.
Picture 2	Su Hai: Mum, where are my skirts? Mum: They're in the living room, on the sofa.
Picture 3	Su Yang: Where's my white cap, Su Hai? Su Hai: Is it in your bedroom? Su Yang: No, it isn't.
Picture 4	Su Hai: Come and look, Su Yang. Your cap is in the kitchen!

理解先行

1. 初次感知。

在这节课的导入环节，我设计了万圣节的情景——因为上课日期就在万圣节前两天。我向学生介绍了玩偶人物 Tim，并在屏幕上向学生展示了 Tim 准备的三种万圣节相关物品：一个南瓜、一个包和很多贴纸。同时，在讲台上摆出了一个篮子和一个袋子，请学生寻找南瓜和贴纸。

> T: Where's the pumpkin?
>
> S: It's in the basket.
>
> （我从篮子里拿出南瓜并举起，又放入篮子里）
>
> T: Where's the basket?
>
> S: It's on the desk.
>
> T: Where's the desk?
>
> S: It's in the classroom.

然后，用课件出示：

> Where's the pumpkin?
>
> It's　on the desk　in the classroom.
>
> 　　范围小的地点　范围大的地点

用动画演示后，我继续指出：

> It's　in the classroom,　on the desk.
>
> 　　范围大的地点　　范围小的地点

2. 再次感知。

在教学 Picture 1 的时候，我设计了一个书上没有的情景：Su Yang 在卧室仍然找不到包，追问妈妈 "Mum, I can't find my bag in my bedroom. Where is it?"，妈妈补充回答 "It's on the bed."。然后妈妈重复了一句 "It's in your bedroom, on the bed."。我在课件上先后呈现了三个句子。

It's in your bedroom.

It's on the bed.

It's in your bedroom, on the bed.

教师并不具体讲述，只是让学生自己感知这些语言知识。只有理解先行，学生才有可能把语言知识真正内化成自己的知识，发展自己的语言能力。

注重体验

教师让学生猜万圣节贴纸在哪里（讲台上有篮子和袋子），询问 "Where are the stickers? "，并依次用课件呈现以下两种句型，让学生根据提示用不同句型回答。

They're	in / on...	in / on / ...
	范围小的地点	范围大的地点
They're	in / on...,	in / on / ...
	范围大的地点	范围小的地点

因为有一个真实的情景——贴纸被装在讲台上的袋子里，屏幕上又有辅助理解的句型，学生能够积极参与这个话轮。这个过程就是学生自己体验新语言知识的过程，不需要教师刻意去讲解，他们也能够很好地在理解的前提下真正掌握。

帮助积累

表达"某物在某地方"并先后说在两个范围的时候，如果先说在小范围，两个介词短语之间不用加逗号；如果先说在大范围，然后补充说明在哪个小范围，两个介词短语之间需要加逗号。对于这个语言知识，大多数学生在感知与体验中能够较好地掌握。但每个学生的学习能力是不同的，学习能力不够强的学生需要在课堂上得到更多帮助。教师需要在课堂上创设更多的机会让学生不断积累语言知识。

1. 创设情境。

这一课时，我始终围绕万圣节这个节日设计教学，旨在帮助学生逐步了解一些说英语的国家的文化。因此，我设计了一个情境——Tim 为万圣节准备好了一个包，目前它不在教室里，而是在他家里。请猜猜他把包放在家里的哪个房间，从而组织学生学习了 Story time 版块中四个家具名称和四个房间名称。在教学到 bedroom 时，我用课件显示包在卧室里的床上。当我戴上 Tim 的头饰说 "I can't find my bag. Where's the bag?" 的时候，学生看着我提供的课件上的句子，很自然地连续表达：

> It's in the bedroom.
> It's in the bedroom, on the bed.

2. 拓展教材。

Story time 版块 Picture 4 的内容是：Su Hai 打开厨房的门，发现小狗在厨房里，嘴里叼着帽子。配图的文字只有 Su Hai 说的话 "Come and look, Su Yang. Your cap is in the kitchen!"。教师可以利用此图帮助学生积累相关语言知识。

我设计了一个问题 "Where's Su Yang's cap?"，学生都能够根据课件提示快速地回答：

> It's in the dog's mouth in the kitchen.
> It's in the kitchen, in the dog's mouth.

于是，学生在教师创设的情境中不断积累语言知识，从而渐渐提升语言能力。

及时运用

对于涉及重要语言知识的题目，教师可以在课堂上让学生答题，检查一下他们是否掌握，以便及时调整自己的教学方法和教学节奏，从而帮助学生学得更好。

在教材配套的练习册上出现的这道题——"看图，选词组完成填空"，就可以直接拿到课堂上，请学生完成。大多数学生能够正确填出"The football is in the playground, under the bench."，没有掌握好的学生能够立即被发现，这便于教师提供单独指导。

要自然而然地培育学生的文化意识

一般来说，离开学校后，人们在工作和生活中较少用到英语，但这并不意味着在学校多年的英语学习是无用的。在所有学科学习的过程中，除了获取学科知识外，还能培养健康向上的审美情趣、正确的价值观和文化意识等——这些也是人们离开学校后终身受益的重要素养。

因此英语课程应该让学生逐步了解外国的优秀文化，并能够鉴赏。但由于课时有限，事实上很难用整节课去进行文化意识的培养。所以，教师要有计划地化整为零，随时组织学生比较中外文化的异同，发展学生跨文化沟通与交流的能力。

在教学本课时的时候，我注意到了以下两点。

首先，帮助学生树立正确的价值观

在教学房间名称的时候，我带领学生认读各个单词，也组织他们说一说自己家的各个房间。有的学生很高兴地说起自己家有多少间卧室和卫生间，说起自己家的大客厅以及明亮的大厨房；也有学生不好意思地说自己家的客厅小，卧室少。当然，教师不可能让学生完全回避现实生活，但在英语课堂上，却可以及时帮助学生树立正确的价值观，理解"家的不同"与"爱的相同"。

我在教学中出示了大别墅和小公寓的图片，让学生理解，家有大有小，但来自家人的爱同样美好。然后，请学生欣赏音乐《回家》，在音乐声中观看春运期间中国人回家过年的各种图片。最后，我带学生多次诵读英文谚语"East or west, home is best."，并呈现不同的中文谚语："东好西好，还是家好。""金窝银窝，不如自家狗窝。"旨在帮助学生真正理解家与爱。

其次，提升学生跨文化沟通与交流的能力

我根据上课的时间节点（万圣节前两天）而设计了情境：导入部分设计了玩偶人物 Tim 为万圣节准备了南瓜、贴纸和包，完成了相关单词的学习。在教学过程中，我准备了一些贴纸，发给积极参与对话练习的学生。这样的情境设置，有可能给学生带来错觉：万圣节是很有意思的节日，老师在带他们过万圣节。

因此我及时向学生解释："我不是在带大家过万圣节，只是过两天就是万圣节，作为英语老师，我想介绍这个节日，让你们了解到这是西方国家很多人重视的节日。我们中国孩子有自己的传统节日，我们节日的食物也很丰富。现在大家来交流一下你最喜欢的节日和节日食物。"

学生热烈地参与讨论。我在让学生了解万圣节的同时，也在帮助学生加深对中华文化的理解和认同。培养学生的文化意识，可以不囿于教材，而是根据教学时间、时事随时进行，让学生在提升语言能力的过程中，既树立国际视野，又坚定文化自信。

要从多层次提升学生的思维品质

学生学习语言的过程也是发展思维的过程。如果教师能够注意引导学生多观察、多思考语言知识以外的"为什么",就可以更好地帮助学生全面地看待事物,逐步发展逻辑思维能力。

培养学生多角度观察和看待事物的能力

在教学到 Picture 3 的时候,我指导学生观察:在 Picture 1 和 Picture 2 中,Su Yang 和 Su Hai 找不到自己的东西,问的是谁? 在 Picture 3 中谁又找不到东西了? 这次问的是谁? 学生很快能回答,在 Picture 1 和 Picture 2 中,Su Yang 和 Su Hai 找不到自己的东西,都是问妈妈。在 Picture 3 中是 Su Yang 找不到东西,但不再问妈妈,而是问 Su Hai。

在此基础上,我组织学生讨论:为什么 Su Yang 后来不再问妈妈了? 通过讨论,引导学生分析得出:Su Yang 和 Su Hai 意识到,在搬家时妈妈很忙碌,应该少打扰妈妈,尽量自己去尝试解决问题。也的确如我所愿,有学生进一步分析指出,在爸爸妈妈比较忙的情况下,先不要打扰他们,应该等他们不那么忙碌的时候,再去询问。更有学生指出,她们应该管理好自己的东西,即便是在搬家的时候,也应该知道自己的东西放在哪里。

培养学生发现问题、分析问题和解决问题的能力

在教材的 Picture 3 中出现了一个情境:当 Su Yang 问自己的帽子在哪里的时候,Su Hai 也不知道,但是她并没有回答"Sorry, I don't know.",而是及时地帮助寻找,启发 Su Yang 回忆,并问"Is it in your bedroom?"。这个一般疑问句的意思很好理解,但是启发学生思考为什么这样问才能提升学生的思维品质。

针对这个句型,我在练习部分(学习课文之前)设计了这样一个

情境：Helen 要去参加万圣节聚会，找不到她的裙子、包和面具了，不停地问哥哥 Mike。在 Helen 第一次询问"Where's my dress?"的时候，Mike 回答"Sorry, I don't know."，我就请学生讨论 Helen 的心情（depressed，worried）。然后启发学生讨论：在 Helen 找不到东西的时候，Mike 还可以怎么说，怎么做。学生受到启发，很快就说 Mike 可以帮着 Helen 一起按房间寻找"Is it... / Are they..."。

在随后学习课文 Picture 3 的时候，学生就能理解，当我们不知道对方寻找的物品在哪里的时候，一句简单的"Sorry, I don't know."，虽然语法正确，但并不能让对方减少焦虑。如果及时用"Is it / Are they..."去帮助对方寻找物品，就能更好地解决问题。

可见，在日常语言学习过程中，教师完全可以帮助学生提升发现问题、分析问题和解决问题的思维品质。

要从多方面提高学生的学习能力

在平时的英语学习中，教师要帮助学生积极运用和主动调整英语学习策略，拓展英语学习渠道，努力提高英语学习效率。

吸引学生主动参与语言实践活动

这一课时集中学习了单词 bathroom、bedroom、kitchen、living room。在教学中我注意把单词教学与学生的真实生活结合起来，吸引学生主动参与语言实践活动。

在教学 kitchen 的时候，我出示了 nice and clean，然后问"Look at the kitchen. It's nice and clean.Is your kitchen nice / clean?"，学生对单词 nice 已经掌握得很好，而 clean 他们只学过动词，但是在这个一般疑问句里，他们都能够很好地理解，正确回答，并模仿运用。

在教学 living room 的时候，我出示的是 big / small。这次设计的对话是一个特殊疑问句"How is your living room?"。学生可以根据教师提供的 big / small 回答，当然也有学生用到前面出现过的 nice and clean。

在教学 bathroom 的时候，我出示了一个特殊疑问句"How many bathrooms do you have?"，这次学生只需要用数词回答。

在教学 bedroom 的时候，我就请学生直接用数词和形容词来描述自己家的卧室。因为前面做了这些铺垫，所以很多学生就能够流利表达。"We have three bedrooms. One is big. It's for my grandma and grandpa. One is not big. It's my mum and dad's. One is small.But it's nice and clean. It's my bedroom.I like it…"

促进学生学会自主探究，提高学习效率

在 kitchen、living room、bathroom、bedroom 这四个单词里，三个含有 room。其中有的 room（living room）跟前面的单词中间有空格，而有的 room（bathroom、bedroom）与前面的单词中间没有空格。如何让学生轻松掌握呢？

我在这一课时一开始就拓展了一个单词 classroom。

> T: Where's the pumpkin?（用课件出示 class，这个单词学生学过）
>
> S: It's on the desk.
>
> T: Yes. Look! It's in the classroom, on the desk.

在课件上出示 class 和 room，然后运用动画效果，使二者合并成一个单词，并呈现中文解释。

在后面教学 living room、bathroom 和 bedroom 时候，我都用相同的方法。学生通过看课件上的图片，能够初步理解：bath、bed 和 class

一样，是名词，表示具体的物体，但 living 是在动词 live 基础上的变化，不是表示物体的名词。

在教完教材上这四个单词后，我组织学生复习巩固，分两次呈现这些单词：第一次，全部呈现；第二次，把 kitchen 替换成上课时拓展的 classroom。

通过理解 bed、bath、class 和 living 之间的区别，学生很快就能探究出为什么 living 和 room 之间要空一格。他们的探究结果被教师认可后会极大地激发他们自主探究的兴趣，在今后的学习中他们可能会更主动地运用科学的学习方法，从而养成良好的学习习惯。

在新课标背景下，如何在不同年级、不同单元、不同课时培养学生的核心素养，真正实现英语课程的价值，是教师必须下功夫研究与探讨的事。

"教—学—评"一体化在小学英语写作课中的实践

《义务教育英语课程标准（2022 年版）》指出："教师要充分理解评价的作用，明确评价应遵循的原则，基于评价目标选择评价内容和评价方式，将评价结果应用到进一步改进教学和提高学生学习成效上，落实'教—学—评'一体化。"可见，在英语课程中，教师要有机结合平时的教与学，及时评价。这个评价，不能只有单元评价和期末评价，也要有课堂评价和作业评价。

同时，《义务教育英语课程标准（2022 年版）》对不同年段的写作要求也有明确的规定。一级课程内容（3—4 年级）的目标是"根据图片或语境，仿写简单的句子"。二级课程内容（5—6 年级）的目标是"模仿范文的结构和内容写几句意思连贯的话，并尝试使用描述性词语添加细节，使内容丰富、生动"。在四年级期末阶段，我尝试上了一节介于两级课程内容之间的"以读促写"的写作课，试图衔接不同年级的写作目标。

我选择了教材四年级下册 Unit 6 Whose dress is this? 的复习课，进行写作教学指导，最终组织学生尝试写出教材五年级上册 Unit 1 Goldilocks and the three bears 的 Story time 版块的文本，并延伸开展了绘本的设计活动与作品展示活动。在整个教学过程中，我尤为注意落实"教—学—评"一体化。

整合文本内容，设定"教—学—评"一体化的教学目标

要实现以读促写，就需要通过文本解读，确定阅读与写作之间的联系，首先应该明确二者在结构上的联系。这节课的教学内容是两个不同年级的两篇文本，一篇用来复习并导入写作教学，一篇用来提供写作信息及评价参考。

梳理文本，帮助学生确定写作支架

学生学习写作需要一个支架。教师在根据学生的需求和能力选择教学内容的时候，要积极为学生确定写作支架。

这节写作课，从复习 Unit 6 Whose dress is this? 的 Story time 版块开始。在复习过程中，我自制了一张涵盖故事所有信息的图片，组织学生进行讨论。在讨论的时候，依次将 5 个疑问词贴在黑板上，同时也呈现在课件上：

Who	Who are they?
Where	Where are they?
What	What clothes are they wearing?

| How | How is the dress / ... |
| Whose | Whose dress is this / ... |

这个讨论过程可以分为两部分——师问生答和同桌相互提问。在讨论结束后教师指导学生依据疑问词，口头描述图片的基本信息。这相当于对文本进行改编——课文是对话，将其改编成短文。这样的口头描述也是写作的预备训练。

教师指导学生，在阅读时可以根据疑问词来理解文本。同样，学生在尝试写作时，也可以根据这些疑问词来展开。因此，这些疑问词就成为学生的写作支架。学生在不知道如何有序、完整地表达主题时，依靠这种写作支架，就能够基本达成目标。

及时评价，帮助学生检测学习目标的达成情况

评价是英语写作教学的重要组成部分。有效的写作评价不仅能帮学生自我反思和调整结构，对教师的教学也能产生积极的反馈作用。为此，我设计了一张评价表（见表7.2），组织学生参考评价表进行自我评价和同伴评价。

表 7.2　评价表

Ticking time	自我评价	同伴评价
I can use "Question words" to ask questions.	☆ ☆ ☆	☆ ☆ ☆
I can say the story according to the "Question words".	☆ ☆ ☆	☆ ☆ ☆

如果以打分的方式直接评价学生的口头习作，就很难帮助学生真正了解这个教学环节学习目标的达成情况，很难实现"以评促教""以评促学"的目标。而用上述评价表，则能够帮助学生更好地了解自己的学

习情况。其中的"同伴评价"可以在同桌相互提问时使用。这样的评价表，其实也是教师"逆向设计"的出发点。所谓"逆向设计"，就是从学生的最终掌握情况和表现，反过来推导出合适的教学内容和教学活动方案。

提供写作素材，构建"教一学一评"一体化的学习任务

在以读促写的教学中，教师在设计的时候，应该考虑让写作任务与本节课所学内容密切相关，这样才能让学生有机会运用所学知识。同时，写作任务可以有一定的开放性，为学生的个性化创作留出空间。

呈现信息，帮助学生搭建写作框架

在强调疑问词后，我逐一呈现五年级上册 Unit 1 Goldilocks and the three bears 的 Story time 版块信息（见表 7.3），生词也一并进行教学。

表 7.3 Story time **版块信息**

Who	Where	What	How		Whose
Goldilocks	in the forest	a house	beautiful	afraid	
	on the table	some soup	too cold too hot just right	hungry and thirsty	
	in the room	three beds	too hard too soft just right	tired and sleepy	
	on the bed				
three bears	in front of…		big and strong	afraid	

这个环节不呈现完整的文本，学生并不知道这是下个学期第一单元的教材内容。他们只是随着教师教学，初步了解这个故事的基本信息。在这个过程中，学生学习了表格中呈现的关键词，也是本课时的新词。

在学习新词的同时，教师组织学生学习新句型"There is / are…in / on / …"。在学生完成对疑问词的讨论后，教师汇总图片，组织学生用"There is / are"的句型复述（见表7.4）。

表 7.4　复述例句

出示房子的图片	There is…in the forest.
出示三碗汤的图片	There is…on the table.
出示三张床的图片	There are…in the room.
出示三只熊的图片	There are…in front of me.

学生依据教师提供的信息——写作支架和新句型，就能基本搭建好写作框架。

提供范文，指导学生看图写话

随后，教师出示五年级上册 Unit 1 Goldilocks and the three bears 的 Story time 版块的图1，用课件呈现完整的一段文本（见表7.5）。

表 7.5　图 1 文本

课件呈现	教材原文（不呈现）
Goldilocks is in the forest. She is afraid. There is a house in front of her. It is so beautiful.	Goldilocks is in the forest. There is a house. "What a beautiful house!"

以课件呈现的文本作为范文，随后出示教材另外三张图片，让学生随机选择一张图片进行仿写。我给学生发作业纸，纸上有对应的图片（见表7.6），学生就能够快速地完成写作练习。

表7.6　其他图片文本

	教师继续看图写话（与学生仿写非常接近）	教材原文（不呈现）
出示图2	Goldilocks is in the house. She is hungry and thirsty. There is some soup on the table. This soup is too cold. This soup is too hot. This soup is just right.	Goldilocks is in the house. She is hungry and thirsty. There is some soup on the table. "This soup is too cold." "This soup is too hot." "This soup is just right."
出示图3	Goldilocks is in the room. She is tired and sleepy. There are three beds in the room. This bed is too hard. This bed is too soft. This bed is just right.	Goldilocks is tired now. There are three beds in the room. "This bed is too hard." "This bed is too soft." "This bed is just right."
出示图4	Goldilocks is on the bed. There are three bears in front of her! They are big and strong. Goldilocks is afraid!	Goldilocks is afraid. There are three bears in front of her! "Who are you?" "Help! Help!"

通过自我评价，掌握学生的学习情况

给作业打分，是很多教师给学生做出的评价。如果教师能把对学生做评判转移到信息收集上来，就很可能让学生对作业没那么抵触。收集的信息可以让教师了解学生掌握的程度，从而更好地安排课程。

在学生独自完成对一张图片的仿写后，我设计了一张自我评价表（见表7.7）。

表 7.7　自我评价表

Ticking time	自我评价
I can use "Question words" to understand the story.	☆ ☆ ☆
I can use "There is / are" to write the story.	☆ ☆ ☆

在学生完成上述写作练习后，如果教师直接把学生的仿写作业通过课件展示给全班学生，并公开点评或修改，这可能就会打击出错的学生的学习积极性。所以我会选择继续出示教师的范文，供学生校对，并让学生根据评价表进行自我评价。

在以语言交际、发展学生语言为目标的小学阶段，学生的表现需要得到教师的及时评价。而评价的方式也必须以沟通为导向，适合学生发展。学生自我评价的信息，能够更好地帮助教师去调整教学内容与设计。

设计开放作业，拓展"教—学—评"一体化评价方式

英语课程内容由主题、语篇、语言知识、文化知识、语言技能和学习策略六个要素组成。其中，主题具有连接和统领其他内容要素的作用，为语言学习和课程育人提供语境范畴。而"人与自我"是主题的三大范畴之一，因此培养学生的自我保护意识，也是英语课程的教学任务。

重视物品归属，培养学生的安全意识

在上述写作教学中，对疑问词 Whose 的讨论在导入环节（复习四年级下册 Unit 6）做过，但是在写作教学版块（五年级上册 Unit 1）没有再提及。

在学生校对后，我组织他们对 Whose 进行讨论。通过依次出示图片，不断地用 Whose 提问，学生在我的启发下依次回答问题并提出建议（见表7.8）。

表7.8　师生讨论

教师提问	学生建议
Whose house is it? Is it Goldilocks'?	Don't come into the house!
Whose soup is it? Is it Goldilocks'?	Don't drink the soup!
Whose beds are they? Are they Goldilocks'?	Don't go to bed!

讨论之后，"Stay with your family or teachers!" 和 "Don't go out alone!" 像这样的安全教育就能更好地抵达学生的内心，更容易让他们接受并遵守。

拓展评价，让开放性作业激发学生的写作兴趣和创造欲

教师整合两篇不同年级的文本，进行写作指导，再提供范文供学生校对、自我评价，几乎占据了课堂的全部时间，因此很难有足够的时间让学生对四张图片逐一进行写作练习。

于是，我设计了一份开放性作业，作业内容是，根据四张图片，进行绘本的文字创作、封面设计及装帧。学生可以在随后的周末自愿完成。优秀作品将会在楼道里展出，展出结束后评出一、二、三等奖。届时我将颁发奖状与奖品，并给获奖者拍照留念，将照片发到家长微信群里。另外，各班分别设立一个特等奖，奖品为英文绘本《金发姑娘和三只熊》。

这次开放性作业的效果非常好。我收到很多作品，在整个作品展评期间学生一直非常关注，极大地激发了他们的英语写作兴趣。而且，展示优秀作品、为获奖者颁奖，都是另一种意义上的评价。

此外，在颁奖仪式上，我出示了 Story time 版块的课文原文。学生发现通过自己在写作课上的练习，居然把下个学期第一单元的教材内容写了出来，甚至句子比教材上的还多一些。其实这也帮助学生进行了一次自我评价——看看自己编写的绘本与教材文本的相同与差异之处，从而真正感受到知识获取与学习能力提高的乐趣。

评价很重要。在教与学的过程中不能脱离评价，评价不是只发生在一个阶段学习任务结束后（阶段练习或者期末考试），而是应该贯穿整个教与学的过程。

从学科角度来说，定期对学生的作业、学习状态做出评估，会让学生和家长更加认真对待这门课程。如果没有定期而认真地对学生各方面情况做出评估，就容易使学生认为这门课程不如其他课程重要，进而不认真学习。

从课堂教学来说，也是如此。教师要注意提供机会让学生表现——展示他们的学习成果，及时给出精准而具有建设性意见的评价。重视"教—学—评"一体化在小学英语写作课中的实践，教师的评价就能及时地反馈给学生，能够促进学生保持良好的写作状态，更好地掌握写作技巧，从而进入更好的学习状态。

问：班上有不同英语水平的学生，该如何教？

答：班上学生英语水平不同，大致有三种情况。第一种是起始年级，教材是零起点，但是有部分学生在校外上过一些英语课，所以学生的英语水平各不相同。第二种是班上中途转来的插班生，可能他们原来学校的英语课没有开全、开足，或者是教材不同，所以他们与班上学生水平相差很多。第三种是到了小学高年级，有的学生英语自学能力已经很好，词汇量与阅读可能达到初一水平；而有的学生则渐渐失去学习兴趣，完全跟不上课程进度。

面对上述不同情况，教师要采取不同的教育行动。

对于起始年级的分层现象，教师要注意学情——如果提前学英语的学生不多，基础基本为零的学生居多，在课堂上就应从零起点开始教学。在这一过程中，要注意维护好已经学过英语的学生的积极性。课上或者课后，都可以邀请这部分学生充当英语学科"小助手"，帮助那些没有学过英语的学生学习。我在一年级课堂上，教学一个新单词的时候常常问"Who can read it?""Who can teach us?"，已经会读的小朋友就会很积极地参与。

对于中途转学过来、学习进度跟不上的学生，教师要多提供帮助。首先查看他们之前使用的教材，检测他们目前的水平，再因人而异做不同的辅导。有一个五年级女生转到我们学校，她的学习能力与家长支持是完全没问题的，只是她学过的教材与我们的不同。我借给她完整的一到四年级的八册教材，建议她每周跟读一册，我每周检测一次。这样两个月下来，她基本上可以跟上我们的进度。还遇到过六年级开学的时候同时转入四个孩子，他们之前使用的教材都与我们的不同，其中一个孩子的英语基础相当于零。我就联系了他们的家长，帮助他们建立了学习小组，每周末在学校附近的一个餐厅，用半天时间集中学习英语，从一年级教材开始。因为有我提供的教材和配套录音，他们很快学完了一、二年级的教材。到了学三、四、五年级教材的时候，我和他们家长的朋友轮流辅导。他们不仅很快跟上了学习进度，彼此之间也建立了深厚的友情，很好地融入了新学校、新班级。

学了几年英语后渐渐失去学习兴趣、成绩跟不上的高年级学生，也分两种情况。一种是自己一直带的班级的学生。教师要始终以支持、鼓励为主，少批评，至少让学生愿意亲近教师，能够通过学习的过程拓宽视野，让他觉得学校生活愉快。另一种是中途接班的高年级学生。教师要利用好师生初次相遇的"蜜月期"，从一开始就用友好的态度，帮助学生重新树立起学好英语的信念。

问：英文有声书的选购原则是什么？

答：现在有很多有声书系列绘本或者分级有声读物，教师和家长可以根据孩子的喜好、学习能力选择一个系列。选择的时候，建议不让孩子参与。因为年幼，孩子的识别能力并不强，选择太多只会成为一种困扰。一旦选择阅读英文有声书，就要坚持，尤其是家长在遇到孩子闹情绪不肯继续的情况下，温和而有技巧地引导孩子继续读很重要。我建议每天在固定时间、固定地点阅读，有固定时长和固定陪伴者，让孩子觉得这是一件很自然的事，就像每天早晚要刷牙一样。阅读英文有声书，一开始选择分级读物比较好。同一级别的词汇，在不同的故事中反复出现，便于孩子真正掌握。刚开始阅读有声绘本时不用要求孩子跟读，他们在看懂的同时能听懂就好。可以每次听三本绘本。其中第一、第二本是前一天听过的，第三本是新内容，每天如此循环往复。一套绘本（经常有上百册）看完后，再引导孩子从头看一遍。这个时候孩子就能渐渐地、自然地模仿跟读。

问：考试题型应如何创新？

答：拿到教材的时候，教师要考虑到，除了向学生传授文本呈现的语言知识之外，还需要深度解读文本，并设计与文本紧密结合的教学活动，以此培育学生的文化素养，提升学生的思维品质和学习能力。同理，要出一份练习纸（试卷）的时候，教师也要考虑到，一份练习纸（试卷）要能够检测出学生的语言能力、文化素养、思维品质和学习能力，学生通过教师的讲评要能够提升上述核心素养。想明白这些再去设计考试题型，就容易产生各种创新题型。给出一个中文句子"贴纸在讲台上的盒子里"，让学生翻译成英文，这并不是创新题型，只是检查学生的机械识记。而给出一张图片（内容是讲台上的盒子里有一些贴纸）和一个问句"Where are the stickers?"，学生就可能有以下答案：

They're on the desk.

They're in the box.

They're in the box on the desk.

They're on the desk, in the box.

They're in the classroom.

They're on the desk in the classroom.

They're in the classroom, on the desk.

这才是有意义的题型，它检验了学生的观察能力、理解能力、表达能力和单词拼写能力。

问：如何帮发音不标准的学生纠正发音？

答：教师要注意维护年幼孩子之前的英语传授者（教师或家长）的形象。遇到孩子发音不标准时，我常常说："你们小时候学英语有可能读得不标准，不是你们的老师或者爸爸妈妈没教好，而是你们小时候学习能力比现在弱一点儿。现在大家长大了一点儿，肯定能学得更好。"遇到新授单词，我常常说："我知道有的小朋友已经会读这个单词了，我带大家复习一下。我先读三遍，然后请最安静坐着的五个小朋友先领读，比一比看谁是领读得最好的小老师。"这样既顺利地传授了新知识，又很好地维持了课堂纪律，更争取了在课堂上学过英语的孩子的配合，同时避免了一些无谓的争端："老师！你读错了！我以前的老师（爸爸妈妈）教我这样读……"

问：学生对英语学习已经没有热情了，上课时该怎么帮助他提起兴趣？

答：学生对英语学习没有热情了，有很多原因。有可能他现在在英语学科上没有半点儿成就感，有可能他不喜欢现任英语老师。如果是前者，老师就要多设计一些他能够达到优秀的练习、展示和竞赛；如果是后者，老师就要把改善师生关系放在第一位。比如，多进行名为分组、实为分层的默写练习、单元练习，降低他的学习难度，让他一次次获得优秀；在课堂上请他回答简单的问题，并多给予表扬；在他走神儿的时候不要搞突袭式提问；在他认真听课时请他发言，并表示老师喜欢他专注地听课……从而渐渐地激发起他的自我认同感。

问：应该让学生多读什么类型的英文书？

答：低年级如果一周只有两课时，教师要完成教材内容时间就比较紧张，可以选择与教学内容相近的绘本，而且绘本中有部分内容本单元教材上就有，还有部分内容本单元教材上没有。教师可以在每单元的复习课上带学生读绘本，读完以后及时把电子版发给家长，便于学生回家复习。这样的绘本是对教材很好的巩固与拓展。

对中年级学生，教师可以推荐一部分分级读物，比如，"牛津阅读树""培生儿童英语分级阅读""海尼曼科学英语分级阅读""美国国家地理英语分级读物""红火箭儿童英语分级读物""I Can Read！双语分级阅读"等。让学生从低级别的绘本开始读，同一级别的读熟后再阅读更高级别的。

对高年级学生，可以推荐学生读"书虫·牛津英汉双语读物"，每周全班学生共读其中一本，然后每周在一节英语课上花 5 分钟时间让学生交流此书。

问：如何帮助学生快速适应新老师？

答：每个新学年伊始，校园里总会演绎各种师生别离，双方一般会感觉失落、遗憾，甚至难过。

我也曾亲历。出于各种原因离开原来执教的班级，与自己倾注无数感情的孩子们分离，真的不好受。一个成年人都有这样的感受，天真烂漫的孩子当然也会有——也许更浓郁。因此，我刻意不跟他们说"再见"，而是默默地退出各个家校联系微信群。

不说"再见"，是对相处过的孩子们的另一种成全——希望他们尽快接受新老师，希望他们跟新老师相处更愉快。我和他们在一起的时候，对他们足够用心用情即可，对他们的成长支持足够到位即可。

与此同时，我会热烈地欢迎我那些未曾谋面的新学生。

2023 年我被安排执教两个三年级班级和一个二年级班级的英语课，之前我从来没接触过这三个班级的学生。8 月 28 日，刚得知要离开原来的班级，我就开始构思如何欢迎我的新学生。第二天，我就分年级设计了两份开学准备清单并发送给家长。

在二年级的开学准备清单上，我先做简单的自我介绍，然后依次呈现了手写的大写字母表、小写字母表和大小写字母表，最后呈现了手写的第四张字母表，如表 2.2 所示。

请学生复习前面三张字母表，重点是请他们熟读第四张字母表，并且请他们研究一下：表格第一列的五个字母，都是什么字母，再请他们记牢这五个字母。

在三年级的开学准备清单上，我非常详细地介绍自己：

Hello, everybody! Welcome back to school!

My name is Shen Lixin. You can call me Miss Shen.

I'm your new English teacher. Nice to meet you!

I have big eyes. I have a small nose.

I'm not tall. I'm not short. I have long hair.

I like to read books. I like to sing.

最后一句是"Can you draw a picture for me?"，并留了一个大大的空白框，供学生根据英文介绍和自己的想象，来描绘未曾见面的沈老师。在空白框下面，则请他们模仿这些句子来做自我介绍，也画一幅自己的肖像画。

清单上还有学习指导，其中包含"默写 10 个最难的单词"。我在下面备注："'10 个最难的单词'由你自己决定哦！"这也是充分尊重学生，让他们根据自己的学习情况去决定应该默写哪些单词。

两份开学清单，我都建议家长正反面打印在同一张彩色的 A4 纸上。开学第一天收起来后我会评选优秀作品并颁奖。这样的开学清单，传递了新老师对学生的欢迎与期待，能很好地帮助他们为新学期的学习做好准备。